Carl Menger

**Die Irrtümer des Historismus in der deutschen Nationalökonomie**

Carl Menger

**Die Irrtümer des Historismus in der deutschen Nationalökonomie**

ISBN/EAN: 9783743380066

Hergestellt in Europa, USA, Kanada, Australien, Japan

Cover: Foto ©ninafisch / pixelio.de

Manufactured and distributed by brebook publishing software (www.brebook.com)

Carl Menger

**Die Irrtümer des Historismus in der deutschen Nationalökonomie**

# DIE
# IRRTHÜMER DES HISTORISMUS
## IN DER
## DEUTSCHEN NATIONALÖKONOMIE.

VON

D<sup>R.</sup> CARL MENGER,

O. Ö. PROFESSOR DER STAATSWISSENSCHAFTEN AN DER WIENER UNIVERSITÄT.

WIEN, 1884.
ALFRED HÖLDER,
K. K. HOF- UND UNIVERSITÄTS-BUCHHÄNDLER.
ROTHENTHURMSTRASSE 15.

Alle Rechte vorbehalten.

# Vorwort.

Die Unklarheit der „historischen Schule deutscher Volkswirthe" über die Ziele und die Methoden der Forschung auf dem Gebiete der politischen Oekonomie, ein Gebrechen, welches bereits bei der ersten Begründung dieser Schule in unverkennbarer Weise zu Tage trat, ist auch durch den Verlauf einer nahezu fünf Decennien andauernden Entwicklung nicht beseitigt worden.

Die „historische Schule" war von allem Anfange an nicht das Ergebniss der Vertiefung in die Probleme unserer eigenen Wissenschaft; nicht, wie die historische Jurisprudenz, ist sie aus dem scientifischen Bedürfnisse der in die Probleme i h r e r Wissenschaft sich vertiefenden Fachgelehrten hervorgegangen. Sie bedeutete seit ihrem ersten Beginne ein Hineintragen historischen Wissens in unsere theoretisch-praktische Disciplin. Aeussere Umstände haben sie hervorgerufen:

nicht Bearbeiter unserer Wissenschaft, — Historiker haben sie ursprünglich begründet. Von aussen gleichsam ist die historische Methode in unsere Wissenschaft getragen worden.

Von diesen Mängeln des Ursprunges hat die historische Schule sich nie wieder zu befreien vermocht. Die äusserliche Verbindung gediegenen historischen Wissens mit einem sorgfältigen aber führerlosen Eklekticismus auf dem Gebiete unserer Wissenschaft bildet den Ausgangspunkt, zugleich aber auch den Höhepunkt ihrer Entwicklung. Mancherlei mit grossem Ernste unternommene Versuche, die Geschichte und die politische Oekonomie in eine innigere, organische Verbindung zu bringen, sind den obigen Bestrebungen gefolgt, aber die von den historischen Volkswirthen in Aussicht gestellte Erhebung unserer Wissenschaft aus ihrem zurückgebliebenen Zustande ist nicht erreicht worden; ja sie scheint heute fast ferner gerückt, als in den Tagen, da Hermann und Rau lehrten.

Dass die obigen, zum Theile mit nicht gewöhnlicher Begabung unternommenen Reformversuche nicht zu dem angestrebten Ziele geführt haben, war kein Werk des Zufalls; sie mussten an dem Irrthume scheitern, welcher in der Geschichte den Ausgangspunkt, in der Verbindung derselben mit der politischen Oekonomie den Angelpunkt der beabsichtigten Reform erkannte. Die irrthümliche Hypothese, dass die Verbindung historischen Wissens mit der politischen Oekonomie an sich eine Reform dieser letzteren bedeute, das falsche Dogma des Historismus auf dem Gebiete unserer Wissenschaft, konnte von vornherein nicht die Grundlage einer Erfolg versprechenden Umgestaltung dieser letzteren sein.

Die Reform einer Wissenschaft vermag nur aus ihr selbst, nur aus den Tiefen ihrer eigenen Ideenkreise hervorzugehen; sie kann nur das Werk der in die eigensten Probleme ihrer Disciplin sich vertiefenden Forscher sein. Die politische Oekonomie wird nicht durch Historiker, durch Mathematiker, oder durch Physiologen, nie auch durch solche, die blindlings den Spuren derselben folgen, aus ihrer gegenwärtigen Versunkenheit emporgehoben werden. Die Reform der politischen Oekonomie vermag nur von uns selbst auszugehen, von uns Fachgenossen, die wir im Dienste dieser Wissenschaft stehen.

Was andere Wissenschaften und ihre Vertreter uns zu bieten, für uns zu leisten vermögen, ist die fortschreitende Vertiefung in ihre eigenen Probleme, die Vervollkommnung der Resultate ihrer eigenen Forschung. Sorgfältig und dankbar wollen wir diese letzteren benützen, so weit sie für die Entwickelung unserer Wissenschaft von Bedeutung sind, die Ergebnisse der Geschichtsforschung eben so wohl, als jene der Statistik, der Psychologie, der Logik, der technischen Wissenschaften. Die reformatorische Einmischung anderer Disciplinen, das Hineintragen der politischen Oekonomie fremder Gesichtspunkte und

Methoden in diese letztere, werden wir in Hinkunft aber entschlossen abzuwehren haben, soll die deutsche Nationalökonomie nach einer weiteren halbhundertjährigen Periode nicht neuen Enttäuschungen entgegensehen. Was die nächste und wichtigste auf dem Gebiete der politischen Oekonomie in Deutschland zu lösende Aufgabe ist, scheint durch den gegenwärtigen Zustand dieser Disciplin klar vorgezeichnet zu sein. Wie fremde Eroberer haben die Historiker den Boden unserer Wissenschaft betreten, um uns ihre Sprache und ihre Gewohnheiten — ihre Terminologie und ihre Methodik — aufzudrängen, jede ihrer Eigenart nicht entsprechende Richtung der Forschung unduldsam zu bekämpfen. Diesem Zustande muss ein Ende bereitet werden. Es gilt die aus der Natur unserer Wissenschaft sich ergebenden Probleme und Erkenntnisswege wieder zu Ehren zu bringen, diese Disciplin von ihrer historisirenden Tendenz, von den Einseitigkeiten des Historismus zu befreien. Hat die politische Oekonomie in Deutschland nur erst wieder sich selbst, ihren Begriff und ihre Methoden gefunden, bewahrt sie sich überdies den Geist der Universalität, welcher die Ergebnisse fremder Forschung, auch jene anderer Wissensgebiete, ganz insbesondere aber der Geschichte und der Statistik, den eigenen Zwecken dienstbar macht: dann darf uns um die weitere Entwickelung dieser Wissenschaft nicht bange sein.

Dem obigen Zwecke sind auch die nachfolgenden methodologischen Briefe gewidmet. Sie sollen ein wissenschaftlich ganz besonders versumpftes, mit den äussersten Mitteln der Unduldsamkeit und Unziemlichkeit vertheidigtes Gebiet des Historismus in der deutschen Nationalökonomie, den jüngsten Auswuchs des letzteren, unter das Licht der Kritik stellen, unqualificirbaren, zum mindesten in solcher Form durch nichts provocirten Angriffen die gebührende Antwort bringen.

Ich bin auch in dieser hauptsächlich der Abwehr gewidmeten kleinen Schrift der nahe liegenden Versuchung ausgewichen, die eigentliche Methodik der exacten Forschung auf dem Gebiete der theoretischen Nationalökonomie zu behandeln. Ich habe in den „Untersuchungen über die Methode der Socialwissenschaften" den Nachweis der von der historischen Schule eifrig bestrittenen Berechtigung der obigen Richtung des theoretischen Erkenntnissstrebens auf dem Gebiete der Volkswirthschaft zu erbringen gesucht, die eingehende Darstellung der bezüglichen Erkenntnisswege indess einer besonderen Schrift vorbehalten.*) Die vorläufigen Bemerkungen hierüber sind nichtsdestoweniger zum Gegenstande lebhafter Discussion unter den Beurtheilern meiner methodologischen Untersuchungen geworden: ein erfreuliches Zeichen des auf dem Gebiete der deutschen Nationalökonomie, trotz des Vorherrschens der historischen Schule, vorhandenen Interesses für den obigen wichtigen Zweig der theoretischen Forschung. Ich werde nunmehr die Erfüllung

---

*) A. a. O. S. 43.

meiner Zusage zu beschleunigen suchen, da nur durch vollständige Klarheit über die Ziele und die Erkenntnisswege der exacten Nationalökonomie der Einseitigkeit unserer historischen Volkswirthe in ausschlaggebender Weise begegnet zu werden vermag. Ich werde hierbei auch Gelegenheit finden, die sachkundigen Bemerkungen zu berücksichtigen, welche von E. v. Böhm, Emil Sax, W. Lexis, H. Dietzel und Anderen einzelnen Theilen meiner Ausführungen entgegengesetzt worden sind.

Wien, im Januar 1884.

**Der Verfasser.**

# INHALT.

                                                              Seite

**Vorwort** . . . . . . . . . . . . . . . . . . . . . . . III

  **Erster Brief.** Einleitung: Aeussere Veranlassung dieser Briefe. Ueber den Nutzen, welcher für die wissenschaftliche Discussion selbst aus den Kritiken flacher, in den behandelten Materien nicht genügend orientirter Beurtheiler gezogen werden könne . . . . . . . . . . . . . . . . . . . . . 1

  **Zweiter Brief.** Fortsetzung: Ueber Entstellungen auf dem Gebiete der wissenschaftlichen Kritik und wie denselben zu begegnen sei? . . . . . . . . . . . . . . . . . 6

  **Dritter Brief.** Ueber die verschiedenen Richtungen des Erkenntnissstrebens auf dem Gebiete der Volkswirthschaft . . 12

  **Vierter Brief.** Dass die politische Oekonomie und die Geschichte der Volkswirthschaft streng zu unterscheidende Wissenschaften seien . . . . . . . . . . . . . . . 20

  **Fünfter Brief.** Warum Schmoller diese Grenzen zu verwischen trachte? . . . . . . . . . . . . . . . . . 26

  **Sechster Brief.** Die Ueberschätzung historischer Studien auf dem Gebiete der politischen Oekonomie. Ihre Ursachen und ihre Nachtheile . . . . . . . . . . . . . . . . 29

  **Siebenter Brief.** Ueber die Meinung, dass die Wirthschaftsgeschichte vollends erforscht werden müsse, ehe an die Reform der politischen Oekonomie geschritten werden könne . . . . 34

  **Achter Brief.** Ueber die Meinung, dass die Wirthschaftsgeschichte die ausschliessliche empirische Grundlage der Forschung auf dem Gebiete der politischen Oekonomie sei . . . 42

Seite

**Neunter Brief.** Dass ein nach bestimmten wissenschaftlichen Kategorien geordnetes historisch-statistisches Material mit der politischen Oekonomie nicht verwechselt werden dürfe . . . 47

**Zehnter Brief.** Ueber die Meinung Schmoller's von den Aufgaben der praktischen Wirthschafts-Wissenschaften . . . 51

**Elfter Brief.** Ueber die Idee Schmoller's, die praktischen Wissenschaften von der Volkswirthschaft zu theoretischen erheben zu wollen . . . . . . . . . . . . . . . . . . 56

**Zwölfter** Brief. Wie Schmoller sich diese Erhebung vorstellt? . . . . . . . . . . . . . . . . . . . . . . . . 60

**Dreizehnter Brief.** Noch eine Ansicht Schmoller's über den nämlichen Gegenstand . . . . . . . . . . . . . 64

**Vierzehnter Brief.** Zur Charakteristik der Kampfesweise Schmoller's . . . . . . . . . . . . . . . . . . 71

**Fünfzehnter Brief.** Fortsetzung . . . . . . . . . . 78

**Sechzehnter Brief.** Schlusswort . . . . . 86

# Erster Brief.

Sie schreiben mir, mein Freund, dass die ebenso
unüberlegte als herausfordernde Kritik, welche meine
„Untersuchungen über die Methode"*) in dem Berliner
Jahrbuche für Gesetzgebung Seitens des Herausgebers gefunden haben **), am besten mit jenem Stillschweigen zu übergehen sei, welches die wirksamste
Antwort auf Angriffe der obigen Art bilde.

Wer mein Buch auch nur flüchtig gelesen habe,
werde von selbst entnehmen, inwieweit die Angriffe
Schmoller's auf Sachkunde und Unbefangenheit
beruhen, und sich darnach sein Urtheil bilden. Aber
auch bei jenen, welche meine „Untersuchungen" nicht
kennen, würde seine Kritik der richtigen Würdigung
begegnen; rühre sie doch von einem Manne her, dessen
wissenschaftliche Erudition, trotz seiner unablässigen
Hinweise auf die historischen und philosophischen

---

*) C. Menger, Untersuchungen über die Methode der Socialwissenschaften und der politischen Oekonomie insbesondere. Leipzig, bei Duncker & Humblot, 1883.

**) G. Schmoller, „Zur Methodologie der Staats- und Socialwissenschaften" im Jahrbuch für Gesetzgebung, Verwaltung und Volkswirthschaft im deutschen Reiche. Leipzig bei Duncker & Humblot, 1883, pag. 239—258.

Studien, denen er sich hingebe, auf die Vorlesungen über Methodik „zu welchen er sich eben rüste" u. dgl. m., in ernsten Gelehrtenkreisen bereits seit langem nach Gebühr gewürdigt werde. Recensionen von jener Art, wie sie Schmoller seit Jahren ohne genügende Orientirung, voll Invectiven und offenbar ohne das geringste Gefühl der Verantwortlichkeit der Oeffentkeit übergebe, seien bei jenen sachkundigen Lesern, welche wir bei wissenschaftlichen Publicationen doch zunächst im Auge haben, unschädlich, jede Erwiderung auf dieselben unter der Würde eines ernsten Gelehrten.

Erlauben Sie mir, mein Freund, in der obigen Rücksicht denn doch in etwas anderer Meinung zu sein. Zwar darüber, ob dergleichen Kritiken für die Autoren der recensirten Werke schädlich oder unschädlich seien, möchte ich in keine Discussion treten. Fassen sie dieselben für den Autor immerhin als unschädlich, ja geradezu als erheiternde Zwischenfälle des Gelehrtenlebens auf. Daraus scheint mir indess noch keineswegs zu folgen, dass man dieselben gänzlich unbeachtet lassen solle. Was für den Autor einer Schrift nicht schädlich ist, kann unter Umständen der von ihm vertretenen Sache abträglich sein; und wäre selbst dies nicht der Fall, warum sollten wir es verschmähen, das, was einer uns am Herzen liegenden Sache unschädlich ist, im Dienste derselben zu verwerthen? Kritiken sachkundiger Autoren nützen uns, indem sie uns berichtigen und belehren und dadurch die wissenschaftliche Discussion vertiefen. Warum sollten Kritiken von der Art jener, die Schmoller veröffentlicht, nur unschädlich sein und nicht auch einen Nutzen gewähren, wenngleich, wie selbstverständlich, einen solchen ganz anderer Art?

Ein jedes Werk hat ein gewisses geistiges Niveau, unter welches der Autor nur mit Widerstreben herabsteigt. In mathematischen Schriften wird nicht jede Formel aufgelöst, in juristischen Werken die Kenntniss des positiven Rechtes, in wissenschaftlichen Schriften überhaupt leicht mancherlei Fertigkeit und Wissen vorausgesetzt. Hierin liegen indess' von jedem einsichtigen Autor peinlich genug empfundene Schranken für das Verständniss und die Verbreitung seiner Ideen. Flache, von unkundigen Kritikern gegen uns gerichtete Angriffe bieten uns nun aber die erwünschte Gelegenheit, jene Schranken zu erweitern, und zwar in um so wirksamer Weise, je näher unser Beurtheiler in den behandelten Fragen dem hierin minder orientirten Lesepublikum steht und je rücksichtsloser derselbe gegen uns aufzutreten vermeint.

In Recensionen dieser Art werden gegen die Ergebnisse unserer Forschung Einwände erhoben, die dem Autor wohl selbst vorgeschwebt, welche er indess, um ihrer für den Sachkundigen augenfälligen Unrichtigkeit willen, zu beantworten unterlassen hat. Werden dieselben indess von einem Kritiker, und zwar, wie dies zumeist der Fall zu sein pflegt, mit nicht geringem Nachdrucke vorgetragen, so sind wir in der Lage, uns mit ihrer Widerlegung befassen zu können, ohne doch der Achtung, welche wir den Lesern gelehrter Schriften schuldig sind, allzu nahe zu treten. Einwendungen und Angriffe der obigen Kategorie bieten uns solcher Art die Gelegenheit, unsere Ideen bis zu einem Grade der Gemeinverständlichkeit zu erheben, welcher in wissenschaftlichen Schriften sonst nicht gebräuchlich und für das eigentlich gelehrte Publikum auch überflüssig ist, in Rücksicht auf einen Theil des Leserkreises wissenschaftlicher Werke indess nicht jedes Nutzens entbehrt.

Aber noch einen anderen, ungleich grösseren Dienst erweisen uns Kritiken von jener Art, von welchen ich hier spreche. Es werden in denselben Einwände erhoben, welche so fern ab von den Gedankenkreisen ernster Gelehrter liegen, dass Niemand, welcher in der Sache einigermassen orientirt ist, am wenigsten der Autor eines Werkes selbst auf dieselben zu verfallen vermöchte, welche indess durch eine merkwürdige Zusammenstimmung der Geister in den Köpfen aller oberflächlichen und mit den behandelten Materien nicht genügend vertrauten Leser wissenschaftlicher Werke zu entstehen pflegen.

Durch Kritiken dieser Art gelangen wir in dankenswerthester Weise zur Kenntniss der gröbsten Missverständnisse, welchen unsere Schriften in gewissen Leserkreisen ausgesetzt sind und erlangen auf diese Art die erwünschte Gelegenheit, denselben wirksam zu begegnen. Kritiken von jener Kategorie, von welchen ich hier spreche, spielen in der wissenschaftlichen Discussion solcherart gleichsam die Rolle jener gewissen Figur in der italienischen Komödie, welche durch ihre halb missverständlichen, halb bösartigen Einwürfe die Entwicklung der Handlung zu hemmen scheint, sie jedoch in eben so wirksamer als erheiternder Weise fördert.

Freilich, dass ein Schriftsteller von bekannterem Namen, und in mehr als einer Rücksicht anerkennenswerthem Verdienste, dem auf die Verbreitung seiner Ideen bedachten Autor eines Werkes dadurch hilfreich beispringt, dass er in der wissenschaftlichen Discussion eine Rolle so secundärer Natur übernimmt, ist nicht eben häufig; geradezu ein Glücksfall, wenn unser Gegner durch die äusseren Machtmittel, die er in seinen Händen vereinigt, und durch die Art, in welcher er sich derselben bedient, ein von den Kleinen und Furchtsamen gepriesener, von den Stärkeren klug beschwiegener Gelehrter ist; denn mit dem Interesse an der Förderung unserer wissenschaftlichen Bestrebungen verbindet sich dann jenes an der Säuberung der Literatur von dem Einflusse eines flachen, für die hohen Aufgaben wissenschaftlicher Kritik nicht berufenen Recensententhums.

Und diese von dem Herausgeber der Berliner Jahrbücher in so unbeabsichtigter Weise mir dargebotene Gelegenheit zur Beseitigung einer Reihe von Missverständnissen und Irrthümern über die grundlegenden Probleme unserer Wissenschaft, vielleicht auch zur Behebung mancher anderer „historisch gewordener" Hindernisse einer sachgemässen wissenschaftlichen Discussion auf dem Gebiete der Nationalökonomie in Deutschland, sollte ich so völlig unbenützt an mir vorübergehen lassen?

## Zweiter Brief.

Sie machen in freundlicher Besorgniss mich darauf aufmerksam, dass ein Streit mit Schmoller nicht nur eine wissenschaftliche, sondern auch noch eine ganz andere Seite habe. Es gebe keinen zweiten Gelehrten in Deutschland, kaum irgendwo, welcher so rücksichtslos in der Wahl der Mittel sei, wenn es, einen Gegner zu bekämpfen, gelte. Ich möge auf jede mögliche und unmögliche Entstellung meiner Worte gefasst sein, und dass Schmoller Meister einer ebenso persönlichen als vulgären Schreibweise sei — nebenbei gesagt, die einzige Meisterschaft, welche diesem Manne in Rücksicht auf sein Deutsch nachgerühmt werden könne — davon hätte ich selbst geradezu erschreckende Proben erhalten.

Sie haben Recht, mein Freund, wenn Sie eine wissenschaftliche Discussion mit Schmoller für keine bloss scientifische Angelegenheit ansehen; ist doch dieser Mann nur all zu bekannt wegen seiner ausgesprochenen Neigung zur Missdeutung fremder Meinungen und ebenso bekannt, als Vertreter der Unziemlichkeit auf dem Gebiete wissenschaftlicher Polemik.*)

---

*) Schmoller lässt es in der Recension meiner Schrift nicht bei Kraftausdrücken, wie „weltflüchtige stubengelehrte Naivetät", „scholastische Denkübungen", „Scheuklappen

Wahrlich, nicht ohne ein gewisses Zögern trete ich an die Bekämpfung dieser Seite seiner gegen mich gewissenschaftlicher Arbeitsleistung", „abstracte Schemen", „geistige Schwindsucht" u. dgl. m., bewenden, sondern gibt mir, offenbar um die Wucht dieser Argumente zu verstärken, sogar zu verstehen, dass ich, um meiner methodischen Ansichten willen, aus jedem Kreise exacter Forscher „sofort hinausgeworfen" werden würde. Die betreffende Stelle seiner Kritik, welche den Beweis liefert, dass Schmoller nicht ohne Nutzen für seine Schreibweise sich die ersten Sporen seiner wissenschaftlichen Laufbahn in Handwerkervereinen erworben hat (vgl. Schmoller: Zur Geschichte der deutschen Kleingewerbe S. VI), lautet wörtlich: „Der Chemiker darf wagen, von den physikalischen Eigenschaften eines chemischen Gegenstandes zu abstrahiren, aber, wenn er die atmosphärische Luft untersuchte und nach dem Grundsatze Menger'scher Isolirung sagte: ich ziehe dabei nur den Stickstoff in Betracht, weil er vorherrscht, so würde man ihn sofort aus dem Laboratorium hinauswerfen." Wer auch nur die Elemente der Logik kennt, weiss, dass man unter dem Isolirungsverfahren nur die Isolirung von den einer Erscheinung accidentiellen Momenten versteht, und wer mein Buch gelesen hat, weiss, dass ich nirgends auch nur die entfernteste Veranlassung zu der unsinnigen Meinung gebe, dass unter dem Isolirungsverfahren die Isolirung von den einer Erscheinung essentiellen Momenten zu verstehen sei. Die Bemerkung Schmoller's ist demnach nicht nur eine unziemliche, ja geradezu an Rohheit streifende, sondern zugleich eine vollständig deplacirte. Ich wage diese Bemerkung, selbst auf die Gefahr hin, dass Schmoller, in einem Momente des Vergessens, dass er gegenwärtig Mitglied einer der illustersten Gelehrtencorporationen sei, etwa plötzlich seine Aermel emporzustreifen und seine entsetzlichen Argumente „sofort" — vorzutragen die Miene machen könnte.

Dass die Entstellung fremder Ansichten und die äusserste Unziemlichkeit der Ausdrucksweise übrigens von Schmoller nicht nur gegen mich, sondern geradezu gewohnheitsmässig geübt wird, darf ich wohl als bekannt voraussetzen. Schon vor nahezu zehn Jahren sah sich Prof. Treitschke genöthigt, richteten Angriffe. Doch es gibt Zustände, gegenüber welchen zu schweigen Verrath an der eigenen Sache wäre. Nur zu gerne überliesse ich das unerquickliche Geschäft, das ich hier zu besorgen habe, einem Andern, fände sich bei der Art der Kritik, welche Schmoller auf dem Gebiete unserer Wissenschaft übt, nur so leicht dieser Andere. Gerade das, was Sie mir als Grund dafür anführen, gegenüber den Angriffen Schmoller's zu schweigen, muss für mich ein Motiv mehr sein, meine Stimme gegen denselben zu erheben.

„Unverdiente Lobsprüche — sagt Lessing — kann man Jedem gönnen ..... Nur wenn ein so precario .... berühmt gewordener Mann sich mit dem stillen in einem offenen Briefe an Schmoller („Der Socialismus" und seine Gönner. Berlin 1875. S. 102 ff.) unter Anführung zahlreicher Belegstellen darauf hinzuweisen, dass die Polemik Schmoller's „mit persönlichen Ausfällen reichlich geziert sei" und ihn (Treitschke) nöthige, gegen seine Neigung und Gewohnheit auch seiner Erwiderung einige persönliche Bemerkungen vorauszuschicken". — Bemerkungen, welche darin gipfeln, „dass Schmoller fast allen seinen Gegnern Worte zuschleudert, welche die Verständigung nicht fördern". Was die Wahrheitsliebe Schmoller's betrifft, so äusserst sich Treitschke gegen denselben folgendermassen: „Ich müsste wie Sie, zehn Bogen füllen, wollte ich nachweisen, wie Sie meine Behauptungen hier übertreiben, dort in das Gegentheil verwandeln, bald das Bedingte als ein Unbedingtes hinstellen, bald mir gar meine eigenen Gedanken zürnend entgegenhalten, als ob ich sie bestritten hätte, und durch solche dialektische Künste schliesslich ein Bild zu Stande bringen, in dem ich keinen Zug von meiner wirklichen Meinung wieder erkenne."

Der Ruhm, den Gipfelpunkt der missbräuchlichen Schreibweise Schmoller's zu bilden, dürfte indess jedenfalls seiner Kritik meiner „Untersuchungen" zufallen.

Besitze seiner unverdienten Ehren *) nicht begnügen will, wenn das Irrlicht *), das man hat zum Meteor aufsteigen lassen, nunmehr auch lieber sengen und brennen möchte, wenigstens überall um sich her giftige Dämpfe verbreitet; wer kann sich des Unwillens enthalten? und welcher Gelehrte, dessen Umstände es erlauben, ist nicht verbunden, seinen Unwillen öffentlich zu bezeugen?"

Nun denn, meine Umstände erlauben es mir, den Missverständnissen, den Entstellungen und Unziemlichkeiten Schmoller's auf dem Gebiete der nationalökonomischen Kritik entgegenzutreten.

Nur bitte ich Sie, mein Freund, hierin ja keinen Beweis auch nur des geringsten Heroismus zu erkennen; denn einerseits bin ich der Meinung, dass meine „weltflüchtige stubengelehrte Naivetät" immer noch einem auch noch so weltlichen und ungelehrten Streberthum auf dem Gebiete der Wissenschaft gewachsen sei, und andererseits glaube ich auch noch manchen anderen Grund zu haben, meinen Gegner nicht all' zu sehr fürchten zu müssen. Männer wie Schmoller vermögen nur in Folge geradezu desolater Zustände einer Wissenschaft an die Oberfläche zu gelangen. Nur wenn die Häupter wissenschaftlicher Richtungen ihrer Sache nicht ganz sicher sind, tiefe Zweifel an ihren grundlegenden Ansichten sie bekümmern, und dieselben in mehr als einer Beziehung der Nachsicht untergeordneter Geister bedürfen, vermögen diese letzteren gegen die Vertreter anderer Meinungen einen halb widerwärtigen, halb lächerlichen Terrorismus zu organisiren, wie er gegenwärtig in einem Theile unserer fachwissenschaftlichen Zeitschriften geübt wird. Indess ich verlange

---

*) Lessing gebraucht hier einen anderen Ausdruck.

nicht die Nachsicht dieser Männer, ja ich habe nichts unterlassen, um selbst den Schein zu vermeiden, als ob ich die Nachsicht eines Schmoller wünschte. Welchen Grund könnte ich also haben, ihn zu fürchten? Etwa, dass er mir Irrthümer nachweise? Ich wünschte diese Gefahr bestände, bestände im reichlichsten Masse; wie dankbar wollte ich ihm für jede Belehrung sein, wäre eine solche bei Schriftstellern seiner Art nur auch zu finden, bei einem Schriftsteller, welchem ich Seite für Seite Missverständnisse nachweise, welche — doch ich möchte nicht in den Ton meines Gegners verfallen.

Oder soll ich davor zurückschrecken, dass Schmoller meine Ansichten entstellen, missdeuten werde? Ich gestehe, dass dergleichen einem Autor nicht eben zum Vergnügen gereicht. *An erit, qui velle recuset os populi mereuisse!* Wie leicht wird durch solche „Berichterstattung" dem Autor ein Theil des loyalen Erfolges ehrlicher Arbeit entzogen? Wie leicht? Ja wohl! Indess doch nur dann, wenn wir den Helden dieses Treibens das Feld überlassen und unser gutes Recht auf eine objective Berichterstattung nicht geltend machen.

Was ist der Herausgeber einer wissenschaftlichen Zeitschrift, dass wir schweigend die Ergebnisse unserer wissenschaftlichen Forschung von ihm entstellen lassen sollten? Was anderes ist er, als ein Mann, der im Dienste der Wahrheit und der wissenschaftlichen Bedürfnisse des Leserkreises seiner Zeitschrift steht, ein Mann, welcher in dem Programme ehrliche und unbefangene Berichterstattung zugesichert hat und gegen seine Pflicht handelt, wenn er, anstatt dieser seiner Zusicherung nachzukommen, die Wahrheit entstellt. Und gegen einen solchen sollte es kein Mittel der

Abwehr geben? Kein Mittel der Abwehr gegen den Missbrauch wissenschaftlicher Organe, deren Existenz die Gelehrtenwelt, und nur diese, durch ihre geistige und materielle Unterstützung ermöglicht?

Das Mittel ist ebenso einfach als wirksam. Es gilt, Entstellungen der Ergebnisse unserer wissenschaftlichen Untersuchungen nicht ruhig hinzunehmen, sondern dieselben zu constatiren. Thun wir dies in einer Reihe von Fällen, so wird das Lesepublikum sich gewöhnen, nicht blindlings mehr der Berichterstattung gewisser Recensenten zu vertrauen, sondern zum mindesten bei besonders auffälligen Behauptungen sich selbst die Ueberzeugung von der Stichhältigkeit derselben zu verschaffen suchen. Damit ist aber mit einem Schlage die Macht jener Männer gebrochen, welche an die Stelle objectiver Berichterstattung die Entstellung fremder Meinungen setzen. Thue nur jeder im obigen Sinne seine Pflicht und wir werden die Schmoller bald nicht mehr zu fürchten haben. Ja sie werden sich bald genöthigt sehen, entweder die kritische Feder niederzulegen, oder aber bei der Berichterstattung in Hinkunft in besonders gewissenhafter Weise zu Werke zu gehen. Ist nämlich einmal das Misstrauen gegen dergleichen Kritiker erwacht, dann bleibt ihnen, schon im eigenen Interesse, nichts übrig, als ganz besonders gewissenhafte Berichte zu erstatten. Welche grausamere Strafe dieser Männer lässt sich aber denken, als wenn wir sie nöthigen, objective Kritik zu üben?

# Dritter Brief.

Sowohl der Geschichtsschreiber und Statistiker, als auch der Socialtheoretiker beschäftigen sich mit Gesellschaftserscheinungen; wodurch unterscheidet sich ihre wissenschaftliche Thätigkeit? Wodurch unterscheiden sich die historischen von den theoretischen Socialwissenschaften? Diese für die Wissenschaftslehre an sich bedeutungsvolle Frage hatte für mich eine besondere Wichtigkeit gewonnen. In der neuern nationalökonomischen Literatur Deutschlands waren, neben manchen andern Irrthümern, von welchen ich weiter unten zu handeln gedenke, Ansichten zu Tage getreten, welche auf dem Gebiete der Volkswirthschaft jede strengere Trennung von Geschichtsschreibung und Statistik einerseits und der Theorie andererseits vermissen liessen. Es war eine Schule von Volkswirthen entstanden, welche sich um die Geschichte und die Statistik der Volkswirthschaft von Niemand bereitwilliger, als von mir, anerkannte Verdienste erworben hatte, welche die obigen Wissenschaften und die theoretische Nationalökonomie indess vielfach mit einander verwechselte, ja, in Folge der Auffassung der letzteren als eine historische Wissenschaft, die selbstständige Bedeutung derselben geradezu in Frage stellte.[*]

[*] Vgl. hiezu H. Dietzel: Ueber das Verhältniss der Volkswirthschaftslehre zur Socialwirthschaftslehre. Berlin 1882. S. 4 ff., 7 ff.

Dieser für die Entwicklung der Theorie der Volkswirthschaft verderblich gewordenen Einseitigkeit entgegenzutreten, hatte ich mir zur Aufgabe gestellt. Nicht als ob ich den Nutzen und die Bedeutung historischer und statistischer Forschungen auf dem Gebiete der Volkswirthschaft an sich, oder als Hilfswissenschaften der theoretischen Volkswirthschaftslehre jemals verkannt oder auch nur unterschätzt hätte; im Gegentheile, ich habe die Wichtigkeit dieser Richtungen des Erkenntnissstrebens auf nationalökonomischem Gebiete mit nicht misszuverstehender Rückhaltlosigkeit anerkannt. Was ich an den Bestrebungen jener grossen Gruppe deutscher Fachgenossen, welche unter dem Collectivnamen der historischen Schule deutscher Nationalökonomen eine so hervorragende Stellung in der neueren volkswirthschaftlichen Literatur Deutschlands einnehmen, zu bemängeln fand, war die Einseitigkeit, mit welcher dieselben ihre geistige Kraft zum Theile nur historischen und statistischen Studien, also der Bearbeitung von Hilfswissenschaften der politischen Oekonomie, zuwenden, die einer Reform dringend bedürftige Theorie unserer Wissenschaft jedoch auf das Bedauerlichste vernachlässigen, zum Theile sogar der theoretischen Forschung auf dem Gebiete der Volkswirthschaft mit missverständlicher Geringschätzung entgegentreten, als wäre die historische Forschung allein berechtigt auf dem Gebiete der Volkswirthschaft.

Die historische Schule deutscher Volkswirthe gab auch in einer anderen verwandten Rücksicht zu mancherlei Bedenken Anlass. Hervorragende Vertreter derselben liessen jede strengere Trennung der theoretischen und praktischen Wissenschaften von der Volkswirthschaft vermissen; nicht nur in den meisten neueren Lehrgebäuden unserer Wissenschaft, also in der Praxis der Darstellung, auch in den grundlegenden methodischen Erörterungen wurden nur zu oft die Grenzen der beiden obigen fundamental verschiedenen Richtungen der Forschung verkannt, ja diese Verirrung als ein epochemachender Fortschritt unserer Wissenschaft gekennzeichnet.

Noch in einer dritten Beziehung glaubte ich in den methodischen Grundsätzen der historischen Schule einen Irrthum zu erkennen. Selbst diejenigen Anhänger dieser Schule, welche die selbstständige Bedeutung der theoretischen Volkswirthschaftslehre nicht schlechtweg leugnen, also neben historisch-statistischen Studien und socialpolitischen Forschungen die Berechtigung einer Wissenschaft von den „Gesetzen" der Volkswirthschaft zugestehen, selbst diese Anhänger der historischen Schule deutscher Volkswirthe schienen mir von grober Einseitigkeit in ihrer Auffassung der theoretischen Volkswirthschaftslehre nicht völlig frei zu sein, indem sie nicht allen dem Gebiete der Volkswirthschaft adäquaten, sondern nur gewissen mit historisch-statistischen Studien in engerer Beziehung stehenden Richtungen der theoretischen Forschung (der Philosophie der Wirthschaftsgeschichte u. s. f.) die Berechtigung zuerkannten\*), allen übrigen aber, darunter solchen von der fundamentalsten Bedeutung, mit unbegründeter Geringschätzung entgegentraten.\*\*)

---

\*) Vgl. hiezu die sachgemässen Ausführungen von H. Dietzel a. a. O. S. 31 ff.

\*\*) „Beide Richtungen (die historische und die organische), besonders aber die historische, gewannen in Deutschland rasch Boden und heutzutage dominiren sie die deutsche Wissenschaft fast ganz. Die Art, in der sie ihre Herrschaft ausüben, ist, was man nicht läugnen kann, wenig duldsam. Jede von der herrschenden einigermassen abweichende Richtung der For-

Die historische Schule deutscher Volkswirthe schien mir solcher Art den Begriff der politischen Oeckonomie und ihrer Theile, das Verständniss des Verhältnisses dieser letzteren zu einander und zu ihren Hilfswissenschaften, vor Allem aber die Uebersicht über die verschiedenen berechtigten Richtungen der theoretischen Forschung auf dem Gebiete der Volkswirthschaft — kurz den Einblick in das System der Aufgaben verloren zu haben, deren Lösung der wissenschaftlichen Forschung auf dem Gebiete der Volkswirthschaft obliegt. Ein Theil ihrer Vertreter beschäftigte sich ausschliesslich mit der Geschichte und der Statistik der Volkswirthschaft, also mit Hilfswissenschaften der politischen Oekonomie, während er doch, sei es nun mittelbar oder unmittelbar, an dem Ausbaue der letzteren zu arbeiten wähnte, ein anderer mit der Lösung praktischer, zumal socialpolitischer Probleme, in der Meinung, die Theorie der Volkswirthschaft umzugestalten, noch ein anderer endlich erschöpfte seine geistige Kraft in der Verfolgung gewisser mit historisch-statistischen Studien in engster Beziehung stehenden besonderen Richtungen der theoretischen Forschung, jede andere Richtung des theoretischen Erkenntnissstrebens auf dem Gebiete der Volkswirthschaft als Missverständniss der wahren Ziele nationalökonomischer Forschung zurückweisend.

Diese Verirrungen eines namhaften Theiles der deutschen Volkswirthe zu bekämpfen, erschien mir aber um so wichtiger, als die denselben zu Grunde liegende Verkennung wichtiger Aufgaben der politischen Oeko-

---

schung wird als „abstract", „unhistorisch" oder „atomistisch" verurtheilt oder ignorirt." E. v. Böhm-Bawerk in der „Zeitschrift für das Privat- und öffentliche Recht der Gegenwart". Wien 1883, XI. B., S. 209.

nomie in hohem Masse verderblich auf die Entwicklung unserer ganz vorzugsweise in ihrem theoretischen Theile reformbedürftigen Wissenschaft einwirken musste. Ich glaubte wahrzunehmen, dass in Deutschland die theoretische Forschung auf dem Gebiete der Volkswirthschaft in Folge der obigen Irrthümer, d. i. seit der Begründung der historischen Schule, überhaupt unterschätzt werde, in manchen Zweigen geradezu ausser Uebung gekommen sei, zum grossen Nachtheile unserer Wissenschaft.

Der Weg den ich zur Bekämpfung der obigen Einseitigkeiten und Irrthümer der historischen Schule einzuschlagen hatte, konnte für mich kein zweifelhafter sein. Der Irrthum der in Rede stehenden Gruppe deutscher Volkswirthe liegt in ihren Anschauungen über die Natur der politischen Oekonomie und ihrer Theile, über das Verhältniss dieser letzteren zu einander und zu gewissen Hilfswissenschaften der politischen Oekonomie, endlich in ihren einseitigen Lehrmeinungen über die Natur des theoretischen Erkenntnissstrebens auf dem Gebiete der Volkswirthschaft. So schwierig und umfassend auch die Untersuchung sich gestalten mochte: es musste die Natur der obigen Disciplinen und ihre Stellung im Kreise der Wissenschaften überhaupt klargestellt werden, ehe ich die für die Entwicklung der politischen Oekonomie verderblichen Irrthümer der historischen Schule zu widerlegen vermochte.

Es hiesse nun einen namhaften Theil meiner Erörterungen über diesen Gegenstand in einer über den Rahmen dieser Schrift hinausreichenden Weise wiederholen, wollte ich die obigen für die Forschung auf dem Gebiete der Socialwissenschaften überhaupt und der politischen Oekonomie insbesondere, grundlegenden Fragen, an dieser Stelle neuerdings eingehend behandeln. Was ich hier beabsichtige, ist, den Angriffen zu begegnen, welche meine „Untersuchungen" Seitens einiger namhafter Vertreter der historischen Schule deutscher Volkswirthe gefunden haben. Nur die letzten Ergebnisse meiner Forschung, und selbst diese nur insoweit, als sie Gegenstand der wissenschaftlichen Discussion geworden sind, mögen hier, in wenige Worte zusammengefasst, ihre Stelle finden.

Es sind die Thaten, Schicksale, Institutionen bestimmter Staaten und Völker, welche der **Geschichtsschreiber** und **Statistiker**, der erstere unter dem Gesichtspunkte der Entwickelung, der letztere unter jenem der Zuständlichkeit zu erforschen und darzustellen haben; der **Theoretiker** auf dem Gebiete der Staats- und Socialerscheinungen hat dagegen die Aufgabe, uns — nicht die concreten Erscheinungen und die concreten Entwickelungen, sondern — die „Erscheinungsformen" und die „Gesetze" der bezüglichen Menschheitsphänomene zum Bewusstsein zu bringen; der Forscher auf dem Gebiete der **praktischen** Staats- und Socialwissenschaften aber soll uns die „Grundsätze" zum zweckmässigen Eingreifen in die staatlichen und gesellschaftlichen Zustände lehren, die Grundsätze, nach welchen gewisse Absichten, z. B. die Pflege der Volkswirthschaft, die Verwaltung des Staatshaushaltes u. s. f. am zweckmässigsten verwirklicht werden können.

In diesem Sinne sagte ich, dass der **Geschichtschreiber und Statistiker** die concreten Erscheinungen des Menschenlebens und ihre concreten Beziehungen in Raum und Zeit (der erstere unter dem Gesichtspunkte der Entwickelung, der letztere unter jenem der Zuständlichkeit!), der **Theoretiker** die Erscheinungsformen des Menschenlebens und die Gesetze der Erscheinungen des letzteren (die Typen und die typischen Relationen der Menschheitserscheinungen), der Bearbeiter der **praktischen** Staats- und Socialwissenschaften aber die Grundsätze zum zweckmässigen Handeln auf dem Gebiete der Staats- und der Gesellschaftserscheinungen zu erforschen und darzustellen habe.

Ich blieb bei dieser Classification und ihrer Anwendung auf die Wirthschaftswissenschaften nicht stehen. Die hauptsächlichen Irrthümer der historischen Schule der deutschen Volkswirthe betreffen ihre Auffassung vom Wesen der theoretischen Nationalökonomie, ihre einseitige Hinneigung zu **einzelnen** mit historischen Studien eng verbundenen Richtungen der theoretischen Forschung. Hatte ich mir die Aufgabe gestellt, in seinen Grundzügen zunächst das ganze System der Probleme darzulegen, welche der menschliche Geist auf dem Gebiete der Socialforschung überhaupt und der politischen Oekonomie insbesondere zu lösen hat, so trat an mich nunmehr die engere Aufgabe heran, das System der berechtigten Richtungen der **theoretischen** Forschung auf dem Gebiete der Volkswirthschaft festzustellen. In diesem Sinne habe ich ausgeführt, dass es zwei Hauptrichtungen der theoretischen Forschung gebe. Beide haben den Zweck, die Erscheinungsformen und die Gesetze der volkswirthschaftlichen Phänomene festzustellen. Die erstere (die **empirische**) soll die Erscheinungsformen der realen Phänomene der Volkswirthschaft „in ihrer **vollen** empirischen Wirklichkeit" und die zu beobachtenden Regelmässigkeiten in der Aufeinanderfolge und der Coëxistenz, (die „empirischen Gesetze") der volkswirthschaftlichen Erscheinungen feststellen, während der anderen (der **exacten** Richtung der theoretischen Forschung), in einer den exacten Naturwissenschaften **analogen**, wenn auch keineswegs identischen Weise, die Aufgabe zufällt, die realen Erscheinungen der Volkswirthschaft auf ihre einfachsten streng typischen Elemente zurückzuführen und uns, auf der Grundlage des Isolirungsverfahrens, die (exacten) Gesetze darzulegen, nach welchen sich complicirtere Erscheinungen der Volkswirthschaft aus den obigen Elementen entwickeln, um uns auf diesem Wege, zwar nicht das Verständniss der socialen Erscheinungen in „ihrer vollen empirischen Wirklichkeit", wohl aber jenes der wirthschaftlichen Seite derselben zu verschaffen.

Dem Nachweise der von der historischen Schule deutscher Nationalökonomen eifrig bestrittenen Berechtigung dieser letzteren Richtung des theoretischen Erkenntnissstrebens auf dem Gebiete der Volkswirthschaft habe ich aber meine besondere Sorgfalt zugewandt.

Nun weiss ich sehr wohl, dass durch die Zusammenfassung der Ergebnisse eines Theiles meiner Untersuchungen in so wenige Worte ich meinen Lesern nur ein höchst unvollkommenes Bild derselben zu bieten vermag. Liegt doch der hauptsächliche Werth wissenschaftlicher Ergebnisse in der genetischen Entwicklung und der methodischen Begründung derselben. Indess selbst die schematische Form, in welcher ich dieselben hier wiedergebe, wird, wie ich glaube, genügen, um meine Leser über den Werth der Angriffe zu orientiren, welche meine „Untersuchungen über die Methode der Forschung" seitens eines Theiles der national-ökonomischen Kritik Deutschlands erfahren haben.

## Vierter Brief.

Der Gegensatz zwischen den historischen und den theoretischen Socialwissenschaften, wie ich ihn in meinem letzten Briefe gekennzeichnet und in meinen „Untersuchungen über die Methode der Socialwissenschaften" eines Weiteren ausgeführt habe \*), wird von Schmoller nicht bestritten, sondern in seiner Weise anerkannt. Er gibt zu \*\*), dass die Scheidung der Erkenntnissrichtungen, von denen ich ausgehe — berechtigt? — nein! — dieser Ausdruck fehlt offenbar in dem eigenthümlichen Recensenten-Argot Schmoller's — sondern „von einer gewissen Berechtigung sei". „Aber dieser Gegensatz dürfe nicht als eine unüberbrückbare Kluft aufgefasst werden." „Die Wissenschaft vom Individuellen" — Schmoller möchte „lieber sagen", die descriptive Wissenschaft \*\*\*) — „liefere die Vorarbeiten für die all-

---

\*) S. 3 ff. und 252 ff.
\*\*) Jahrbuch a. a. O. S. 241.
\*\*\*) Ich, für meine Person, möchte dies keineswegs „lieber sagen". Die Botanik, die Zoologie, die Petrographie u. s. f. sind doch sicherlich keine Wissenschaften vom Indi-

gemeine Theorie; diese Vorarbeiten seien um so vollendeter, als die Erscheinungen nach allen wesentlichen Merkmalen, Veränderungen, Ursachen und Folgen beschrieben seien. Die vollendete Beschreibung setze aber wieder eine vollendete Classification der Erscheinungen, eine vollendete Begriffsbildung, eine richtige Einreihung des Einzelnen unter die beobachteten Typen, eine völlige Uebersicht über die möglichen Ursachen voraus. Jede vollendete Beschreibung also sei ein Beitrag zur Feststellung des **generellen Wesens der betreffenden Wissenschaft**."

„Des generellen Wesens der betreffenden Wissenschaft!" Was soll das heissen? Was ist „das generelle Wesen einer Wissenschaft"? Meint Schmoller vielleicht die Erkenntniss des Generellen, (der Erscheinungsformen!) auf irgend einem Gebiete der Forschung? Doch ich will ihm mit dergleichen Fragen nicht allzu lästig werden. Indess, was will überhaupt die obige Darlegung mit ihrer seltsamen Terminologie?

Wenn Schmoller in den obigen Ausführungen sagen wollte, dass historische Studien für den Theoretiker, und umgekehrt die Kenntniss der Theorie der Volkswirthschaft für den Historiker von Wichtigkeit seien und deshalb jeder Fortschritt auf dem Gebiete der Geschichtsschreibung der Theorie, und umgekehrt

---

viduellen und doch descriptive Wissenschaften. Ich habe nicht ohne triftigen Grund die alte Terminologie, welche die obigen Disciplinen zur „historia naturalis", zu den „historischen Wissenschaften" in ganz anderem, als dem modernen Verstande des Wortes zählt, verlassen und die historischen Wissenschaften im heutigen Sinne als die „Wissenschaften vom Individuellen" bezeichnet. Schmoller missversteht mich hier, wie an zahlreichen anderen Stellen, indem er mich zu berichtigen vermeint.

jeder Fortschritt der letzteren der Geschichtsschreibung zu Gute komme, so hat er Recht, vollkommen Recht, und es konnte nur die Frage entstehen, weshalb es Schmoller, eine so selbstverständliche Wahrheit in eine so unverständliche Sprache zu hüllen, beliebt? Schmoller wird doch nicht etwa seinen Lesern zumuthen, den obigen Satz, und wäre er in eine noch seltsamere Sprache gekleidet, für eine neue, erst noch zu beweisende Wahrheit zu nehmen, oder ihnen glauben machen wollen, dass mir dergleichen unbekannt sei?

Ich habe (in meinen „Untersuchungen") darauf hingewiesen, dass die theoretische Forschung auf dem Gebiete der Volkswirthschaft in der Geschichte der letzteren eine höchst werthvolle empirische Grundlage finde, habe hervorgehoben *), dass eine höher entwickelte Theorie der Wirthschaftserscheinungen ohne das Studium der Geschichte der Volkswirthschaft nicht denkbar sei, auch für die praktischen Wissenschaften von der Volkswirthschaft (die Volkswirthschaftspolitik und die Finanzwissenschaft) die Bedeutung des Geschichtsstudiums in nicht misszuverstehender Weise betont. **) Ich habe ausdrücklich die historischen Wissenschaften von der Volkswirthschaft als Hilfswissenschaften der politischen Oekonomie, und umgekehrt diese letztere als eine Hilfswissenschaft der ersteren bezeichnet. ***)

Was will also Schmoller mit den obigen im Tone der Belehrung vorgetragenen Bemerkungen?

Was will er damit in einer Kritik meines Buches?

---

*) A. a. O. S. 123.
**) A. a. O. S. 187.
***) Ebend. S. 18.

Doch wohl nur seinen Lesern die Meinung beibringen, dass mir die Trivialitäten, welche er in einer halb unverständlichen Sprache vorträgt, unbekannt seien? Er will mich über Dinge belehren, von denen ich um des Humors willen, welcher in gewissen Prätensionen der historischen Nationalökonomen liegt, nachgewiesen habe \*), dass sie seit Platon und Aristoteles von den Schriftstellern über „praktische Philosophie" wiederholt wurden und wiederholt werden!

Indess selbst wenn die obigen Bemerkungen originell wären, wenn nicht die Patina von zwei Jahrtausenden auf ihnen läge, was haben sie mit der Frage nach den Grenzen zwischen Geschichtsschreibung und Theorie auf dem Gebiete der Volkswirthschaft zu thun? Dass die Geschichte der Volkswirthschaft und nicht nur diese, sondern auch zahlreiche andere Disciplinen als Hilfswissenschaften der theoretischen Nationalökonomie bezeichnet werden können und jeder Fortschritt derselben demnach der theoretischen Nationalökonomie zu Gute komme, ja dass alle Wissenschaften in einem gewissen Zusammenhange stehen, wer wird dies leugnen, wer hat dies je geleugnet? Nur ein ganz unkundiger Beurtheiler vermöchte indess daraus den Schluss zu ziehen, dass zwischen den einzelnen Wissenschaften überhaupt keine festen Grenzen bestehen und dass insbesondere die historischen Wissenschaften von der Volkswirthschaft und die theoretische Nationalökonomie miteinander verwechselt werden dürfen. Und nur dagegen, gegen die Irrthümer, in welche unsere historischen Nationalökonomen in dieser Rücksicht verfallen sind, habe ich mich gewendet. \*\*)

\*) Ebend. S. 187.
\*\*) Ebend. S. 11 ff.

Keine unüberbrückbare Kluft trennt die Geschichte von der Theorie der Volkswirthschaft, so wenig als die Anatomie von der Physiologie, die Mathematik von der Physik und der Chemie; zwischen der theoretischen Nationalökonomie und der Geschichte der Volkswirthschaft, ja zwischen den Wissenschaften überhaupt besteht selbstverständlich keine so unüberbrückbare Kluft, wie etwa zwischen der transcendentalen Philosophie und einer dänischen Dogge; indess doch in jedem Falle e i n e g a n z b e s t i m m t e G r e n z e, wie eine solche zwischen Wissenschaften eben zu bestehen vermag. Der Physiolog verfolgt andere wissenschaftliche Ziele als der Anatom, auch wenn er sich für seine Zwecke mit den Ergebnissen der Anatomie beschäftigt, der Physiker andere Ziele als der Mathematiker, auch wenn er sich der Ergebnisse der Mathematik für seine Zwecke bedient, und das Ziel, welches sich der Bearbeiter der Theorie der Volkswirthschaft setzt, ist ein durchaus verschiedenes von jenem des Historikers auf dem Gebiete der Volkswirthschaft, auch wenn er für seinen Zweck historische Studien betreibt. „Es sind c o n c r e t e Thaten, Schicksale, Institutionen etc. bestimmter Völker und Staaten, es sind concrete Culturentwicklungen und Zustände, deren Erforschung die Aufgabe der Geschichte, beziehungsweise der (historischen!) Statistik bildet, während die theoretischen Socialwissenschaften uns die E r s c h e i n u n g s f o r m e n der socialen Phänomene und die G e s e t z e ihrer Aufeinanderfolge, Coëxistenz u. s. f. darzulegen die Aufgabe haben." \*)

Hier, in Rücksicht auf die Aufgaben und die Ziele der Forschung, bestehen jene strengen Grenzen zwischen den obigen Wissenschaften, welche nicht ver-

---

\*) „Untersuchungen" S. 12 ff.

wischt werden dürfen, ohne der Verwirrung und dem flachsten Dilettantismus Thür und Thor zu öffnen. Was ich der historischen Schule deutscher Nationalökonomen zum Vorwurfe mache, ist nicht, dass sie die Geschichte der Volkswirthschaft als Hilfswissenschaft der politischen Oekonomie betreibt, sondern, dass ein Theil ihrer Anhänger über historischen Studien die politische Oekonomie selbst aus dem Auge verloren hat.

# Fünfter Brief.

Sie fragen mich, mein Freund, warum denn Schmoller eigentlich den selbstverständlichen Satz, dass die historischen Wissenschaften von der Volkswirthschaft (die Geschichte und die Statistik der letztern) lediglich im Verhältnisse von Hilfswissenschaften zu der politischen Oekonomie stehen, nicht rückhaltlos zugebe, sein Bestreben vielmehr dahin gehe, die Grenzen zwischen den beiden obigen Wissensgebieten nach Möglichkeit zu verwirren? Die Erklärung hierfür, oder um mich der edlen Ausdrucksweise Schmoller's zu bedienen, die Erklärung für seine Abneigung „gegen die Scheuleder wissenschaftlicher Arbeitstheilung" liegt ziemlich nahe. Kein Vernünftiger leugnet die Wichtigkeit historischer Studien für die Forschung auf dem Gebiete der politischen Oekonomie. Niemand leugnet auch den Nutzen, welchen die Geschichte der Volkswirthschaft an sich für das Verständniss der volkswirthschaftlichen Erscheinungen hat. Indess dies vermag dem Herausgeber des Berliner Jahrbuches nicht zu genügen. Er will seine historisch-statistische Kleinmalerei weiter betreiben, und doch die Prätension nicht aufgeben, für einen Bearbeiter der politischen Oekonomie und speciell der Theorie der Volkswirthschaft zu gelten, und deshalb sein Widerwille gegen die „Scheuleder wissenschaftlicher Arbeitstheilung", in Wahrheit aber gegen jede sachgemässe Bestimmung der Grenzen zwischen Geschichte und Theorie der Volkswirthschaft, deshalb auch die von ihm zäh festgehaltene Meinung, dass die Geschichte der Volkswirthschaft der descriptive Theil der politischen Oekonomie sei *), während sie doch überhaupt kein Theil der politischen Oekonomie, sondern eine Hilfswissenschaft der letzteren ist. Um über diese allerdings schwer überbrückbare Kluft zu gelangen, stellt er die Theorie von der keineswegs unüberbrückbaren Kluft zwischen der Geschichtsschreibung und der Theorie auf dem Gebiete der Volkswirthschaft auf. „Der Gegensatz zwischen den obigen Wissenschaften darf nicht als eine unüberbrückbare Kluft aufgefasst werden." Die Frage nach den Grenzen zwischen den historischen und theoretischen Wissenschaften ist damit erledigt! so recht im Geiste Schmoller's erledigt!

*Bienheureux les Ecrivains* — möchte ich hier mit Balzac ausrufen — *qui se contentent si facilement*. Damit Schmoller seine historisch-statistische Mikrographie ruhig fortsetzen könne, sollen historisch gewordene, allgemein anerkannte wissenschaftliche Classificationen umgeworfen worden, damit er auch fürderhin sich seinen Strassburger historischen Spaziergängen ungestört widmen könne und doch für einen Bearbeiter der politischen Oekonomie gelte, sollen alle wissenschaftlichen Kategorien auf den Kopf gestellt werden! Wahrhaftig! das wäre der Mühe werth! Und darum noch einmal: Wer die Ergebnisse der Geschichtsforschung

---

*) Jahrbuch a. a. O. S. 211.

für die Zwecke der Forschung auf dem Gebiete der politischen Oekonomie verwerthet, ist allerdings ein politischer Oekonom, wer aber die Geschichte der Volkswirthschaft selbst erforscht, ist in dieser seiner Function ein Geschichtsschreiber der Volkswirthschaft, ein wissenschaftlicher Historiker, nebenbei gesagt, natürlich nur dann, wenn er mit den Quellen und der Technik der Geschichtsforschung genügend vertraut ist. So ist es, und so wird es hoffentlich bleiben, wenn auch darüber klar würde, dass Schmoller die Aufgabe der politischen Oekonomie aus dem Grunde verkannt habe.

# Sechster Brief.

Hätte Schmoller die fundamentale Verschiedenheit der historischen Wissenschaften von der Volkswirthschaft einerseits und der politischen Oekonomie andererseits, und insbesondere jene Verschiedenheit, welche zwischen den historischen Wissenschaften von der Volkswirthschaft und der theoretischen Volkswirthschaftslehre besteht, ohne Umschweife zugestanden und nicht vielmehr eine offenliegende Wahrheit durch allerhand Ausflüchte zu verdunkeln versucht, so würde sich allerdings auch dann noch eine Differenz zwischen meinen Ansichten über das Verhältniss der Geschichte zu der politischen Oekonomie und den seinen herausgestellt haben.

Dass die Geschichte und die Statistik der Volkswirthschaft zur politischen Oekonomie überhaupt und zu dem theoretischen Theile der letzteren insbesondere lediglich im Verhältnisse von Hilfswissenschaften stehen, von diesen letztern streng zu unterscheidende Wissenschaften seien, darüber vermag unter einigermassen sachkundigen Beurtheilern allerdings kein vernünftiger Zweifel zu bestehen; ebensowenig aber auch darüber, dass die historischen Wissenschaften von der Volkswirthschaft, nicht nur an und für sich, sondern auch in der obigen Rücksicht, das ist als **Hilfswissenschaften** der politischen Oekonomie von Wichtigkeit seien. Es gibt keine Hilfswissenschaft, deren Nutzbarmachung für die Zwecke der Forschung auf dem Gebiete jener Disciplin, zu welcher sie sich in dem hier in Rede stehenden Verhältnisse befindet, nicht von einer gewissen Bedeutung wäre. Dies liegt schon in der Anerkennung derselben als **Hilfswissenschaft** der betreffenden Disciplin. So wenig Jemand den Charakter der historischen Wissenschaften von der Volkswirthschaft als Hilfswissenschaften der politischen Oekonomie zu leugnen vermag, so wenig wird er die Bedeutung derselben für die Forschung auf dem Gebiete dieser letztern in Abrede stellen können.

Eine wesentlich andere Frage ist jedoch diejenige nach dem relativen Masse der Berechtigung einzelner Richtungen der Forschung auf einem bestimmten Gebiete der Erscheinungswelt. Kein Vernünftiger wird bezweifeln, dass in dieser Rücksicht die Möglichkeit der Unterschätzung, aber auch eine solche der Uebertreibung vorhanden sei.

Nun weiss ich sehr wohl, dass unter allen Aufgaben, welche die wissenschaftliche Discussion darbietet, keine schwieriger ist, als die richtigen Grenzen wissenschaftlicher Bestrebungen festzustellen. Alle Wissenschaft ist ihrer Idee nach unendlich; jede, wenn auch noch so einseitige Uebertreibung einer wissenschaftlichen Richtung hat ihren Nutzen und deshalb, von einem gewissen Standpunkte, ihre Berechtigung. Niemand fällt es demnach auch bei, zu behaupten, dass selbst die einseitigste Hingabe der Vertreter unserer Wissenschaft an historische

Studien für die Forschung auf dem Gebiete der politischen Oekonomie jedes wie immer gearteten mittelbaren Nutzens entbehre. All' dies steht, wie gesagt, für keinen in der wissenschaftlichen Forschung auch nur einigermassen Erfahrenen in Frage. Was dagegen nicht minder feststeht, ist der Umstand, dass die Zahl der Bearbeiter einer Wissenschaft in jedem Volke und in jedem Zeitalter eine begrenzte ist, und der Unendlichkeit wissenschaftlicher Aufgaben keine gleich unendliche Fähigkeit zur Lösung derselben gegenübersteht. Jede einseitige Uebertreibung einzelner, wenn auch berechtigter Richtungen der Forschung ist demnach mit einer ebenso einseitigen Vernachlässigung anderer gleichbedeutend, und in diesem Sinne müsste die nahezu ausschliessliche Hingabe vieler deutscher Volkswirthe an historische Forschungen unter allen Umständen, d. i. selbst dann als eine verderbliche Einseitigkeit betrachtet werden, wenn die „Geschichte der Volkswirthschaft" in der That ein Theil der „politischen Oekonomie" wäre; dieselbe müsste auch unter der obigen Voraussetzung als eine Einseitigkeit, und zwar als eine verderbliche Einseitigkeit bezeichnet werden, weil sie mit einer ebenso einseitigen Vernachlässigung der theoretischen Forschung auf dem Gebiete unserer Wissenschaft nothwendig parallel läuft, während doch eben die theoretische Nationalökonomie, um ihres zurückgebliebenen Zustandes willen, dringend der Reform bedarf.

Nun ist aber die Geschichte der Volkswirthschaft kein Theil, sondern eine Hilfswissenschaft der politischen Oekonomie — eine nützliche, eine unentbehrliche Hilfswissenschaft, indess doch nur eine Hilfswissenschaft, und die nahezu ausschliessliche Hingabe der gelehrten deutschen Volkswirthe an die Bearbeitung derselben demnach eine so klar in die Augen fallende Einseitigkeit, dass es unbegreiflich ist, wie hier auch nur ein Gegensatz der Meinungen zu entstehen vermochte.

Glauben Sie, dass nach dem hier Gesagten noch irgend ein vernünftiger Zweifel über meine Stellung zu der obigen Frage möglich sei? Für denjenigen, dem es um die Wahrheit zu thun ist, sicherlich nicht.

Lassen wir, mein Freund, indem wir die Einseitigkeiten der historischen Schule deutscher Volkswirthe bekämpfen, unsere Gegner deshalb immerhin über Verkennung ihrer Verdienste auf dem Gebiete der Geschichtsforschung, ja darüber klagen, dass uns die Bedeutung der letztern für unsere Wissenschaft nicht klar sei; kein irgendwie besonnener und unbefangener Beurtheiler wird indess fürderhin darüber im Zweifel sein können, dass Schmoller durch dergleichen Behauptungen nur den eigentlichen Gegenstand der Discussion zu umgehen sucht.

Was ich bekämpfe, ist die obige Einseitigkeit der historischen Schule; wofür ich eintrete, die **Wiedereinsetzung aller berechtigten Richtungen menschlichen Erkenntnissstrebens auf dem Gebiete der Volkswirthschaft.** Nicht ich trage die „Scheuleder wissenschaftlicher Arbeitstheilung".[*]

„Wer unbefangen, insbesondere nicht als Ver„treter einer einseitigen Richtung engagirt, Menger's „Darlegung auf sich wirken lässt, wird aus derselben „die volle Würdigung der wechselseitigen

---

[*] Vgl. meine Untersuchungen S. XVIII. ff.

„Bedingtheit aller Forschungsrichtungen „als Ausfluss der Veranlagung unseres „Geistes entnommen haben."*)

Wer dagegen eben so unbefangenen Geistes Schmoller's literarischer Thätigkeit folgt, wird aus dem halben Dutzend Schriften, das er bisher über die Entwicklung der Strassburger Gewerbsverhältnisse veröffentlicht hat, sicherlich nichts weniger, als den Eindruck der Universalität, gewonnen haben.

*) E. Sax, Das Wesen und die Aufgaben der Nat.-Oek. Wien. 1884. S. 32.

## Siebenter Brief.

Nicht der wieder und immer wieder betonte mittelbare Nutzen historischer Studien für die Forschung und die Lehre auf dem Gebiete der politischen Oekonomie, sondern die Verwechslung von Theorie und Geschichtsschreibung, die einseitige Hingabe eines nicht geringen Theiles der deutschen Vertreter unserer Wissenschaft an die Bearbeitung einer Hilfswissenschaft dieser letzteren, ist, was ich in meinen „Untersuchungen" bekämpft habe.

Was ist der Grund dieser Einseitigkeit? Wieso, fragen Sie mich, ist der obige, für die Entwicklung der politischen Oekonomie überhaupt, und des theoretischen Theiles dieser letzteren insbesondere, so verderblich gewordene Irrthum entstanden?

Ich will hier nicht ausschliesslich von S c h m o l l e r und den geistesverwandten Genossen dieses Autors sprechen. Ueber die speciellen Ursachen des Historismus dieser Schriftsteller habe ich mich bereits geäussert. Indess die hier angedeuteten Verhältnisse sind denn doch nur zufällige; eine so weit verbreitete Erscheinung, wie der Historismus auf dem Gebiete der deutschen Nationalökonomie, kann nur das Ergebniss viel universellerer Ursachen sein. Die einseitige Ueberschätzung geschichtlicher Studien Seitens eines Theiles unserer deutschen Volkswirthe wurzelt denn auch in der That in einer Reihe von Irrthümern über das Wesen der politischen Oekonomie und über das Verhältniss historischer Studien zu dieser letzteren, in einer Reihe falscher Grundauffassungen, welche unter unseren historischen Volkswirthen vorherrschen und bei flüchtiger Betrachtung allerdings geeignet sind, dem einseitigen Historismus in unserer Wissenschaft den Schein der Berechtigung zu verleihen.

Ich möchte hier vor allem der unter den deutschen Nationalökonomen weit verbreiteten Meinung gedenken, dass der Weg zu einer Reform der Politischen Oekonomie, zum mindesten der nächste zu unternehmende Schritt zu einer solchen, die Erforschung der Wirthschaftsgeschichte sei.

„Es ist", schreibt Schmoller*), „keineswegs eine Vernachlässigung der Theorie, sondern der nothwendige Unterbau für sie, wenn in einer Wissenschaft zeitweise überwiegend descriptiv verfahren wird... Dass durch solche Arbeiten zeitweise ein Theil der Kräfte abgehalten wird, an der Theorie fortzuarbeiten, liegt im Wesen wissenschaftlicher Arbeitstheilung."

Dass die Geschichte und die Statistik wichtige Hilfswissenschaften der politischen Oekonomie und in diesem Sinne ein „Unterbau" der letzteren seien, habe ich, wie ich hoffe, in mehr als genügendem Masse bereits hervorgehoben. Aus der Bedeutung der Geschichte und Statistik als Hilfswissenschaften der politischen

---

*) Jahrbuch. a. a. O. S. 211 ff.

Oekonomie, und würde diese Bedeutung auch in noch so einseitiger Weise übertrieben, ergeben sich indess doch keineswegs die von Schmoller gezogenen Consequenzen. Sind die historischen Wissenschaften von der Volkswirthschaft wichtige, ja unentbehrliche Hilfswissenschaften für die theoretische Nationalökonomie, so kann daraus vernünftigerweise doch nur der Schluss gezogen werden, dass die Forschung auf dem Gebiete dieser letzteren die Ergebnisse der Geschichtsforschung und der Statistik zu sammeln und für ihre Zwecke zu benützen habe. Es würde daraus folgen, dass die Bearbeiter der politischen Oekonomie das von den Historikern und Statistikern erforschte historische und statistische Material auf das eifrigste und sorgfältigste für ihre Zwecke — für die Feststellung der „Gesetze" der volkswirthschaftlichen Erscheinungen u. s. f. — zu sammeln und zu verwerthen haben.

Nie wurde von den Historikern aller Völker der Culturgeschichte und der Cultur-Statistik überhaupt, und der Geschichte und Statistik der wirthschaftlichen Seite des Volkslebens insbesondere, eine grössere Aufmerksamkeit zugewandt, als in unseren Tagen; nie war noch der Umfang des von den Theoretikern auf dem Gebiete der Volkswirthschaft zu bewältigenden historisch-statistischen Materials ein grösserer, nie die Sachlage, selbst für jene Zweige der volkswirthschaftlichen Theorie, welche sich vorwiegend auf die Ergebnisse der Geschichte und der Statistik stützen, eine so günstige, als in der Gegenwart. Wahrlich, an historisch-statistischem Material für die theoretische Forschung auf dem Gebiete der Volkswirthschaft fehlt es in unseren Tagen den Socialphilosophen weniger, als je, und zwar selbst jenen, welche die obengedachten Zweige der volkswirthschaftlichen Theorie cultiviren.

Darum ist es den historischen Volkswirthen von der strengen Observanz Schmoller's indess keineswegs zu thun. Nicht die Nutzbarmachung der Ergebnisse historischer Forschung für die politische Oekonomie, sondern die historische Forschung selbst, insbesondere die historisch-statistische Kleinmalerei auf dem Gebiete der Volkswirthschaft ist, was die Geister der obigen Gruppe von Gelehrten gefangen hält, ohne dass sie doch auf den Anspruch verzichten wollen, für Bearbeiter der politischen Oekonomie zu gelten. Sie wollen von ihrer historischen Mikrographie nicht lassen — dagegen wäre nichts einzuwenden; — sie wollen nichtsdestoweniger für Bearbeiter der politischen Oekonomie, nicht für solche einer Hilfswissenschaft dieser letztern gelten — selbst dazu könnte man schweigen; — sie wollen aber überhaupt, oder doch für ungezählte Menschenalter die ausschliessliche, bezw. die nahezu ausschliessliche Herrschaft der Wirthschaftsgeschichte auf dem Gebiete der politischen Oekonomie, — dagegen muss sich jeder Besonnene verwahren!

Um den obigen vollständig unhaltbaren Standpunkt mit dem Scheine einer gewissen Berechtigung zu umgeben, müssen die Geschichte und Statistik der Volkswirthschaft zum descriptiven „Theile" der politischen Oekonomie gestempelt werden, während sie in Wahrheit gar keine Theile, sondern nur Hilfswissenschaften der letztern sind: zu demselben Zwecke muss an der Idee festgehalten werden, dass, zum mindesten zunächst, nur, oder doch vorwiegend an diesem „descriptiven Theile" zu arbeiten sei.

„In der Zukunft — meint Schmoller — wird für die Nationalökonomie eine neue Epoche kommen, aber nur durch Verwerthung des ganzen historisch-descriptiven und statistischen Materiales, das jetzt geschaffen wird": inzwischen „sei es keine Vernachlässigung der Theorie, sondern der nothwendige Unterbau für sie, wenn in unserer Wissenschaft überwiegend descriptiv verfahren werde." *)

Mit Recht protestiren A. Wagner und H. Dietzel „gegen diesen Wechsel mit etwas langer Verfallszeit"**) und eben so richtig bemerkt hierzu E. Sax***), „dass es ein durchaus schiefer Gedanke sei, unserer Zeit den Beruf zur Gewinnung einer befriedigenden Theorie der Volkswirthschaft auf so lange abzusprechen, bis erst eine unabsehbare Zahl von Forschungen auf dem Gebiete der Wirthschaftsgeschichte vollbracht sein werde". Nur scheint es mir, dass Sax immer noch viel zu optimistisch sei, wenn er den hierzu erforderlichen Zeitraum nach Menschenaltern berechnen will. Sollte die Wirthschaftsgeschichte, ehe wieder an die Bearbeitung der theoretischen Nationalökonomie geschritten werden könne, im Geiste der historischen Mikrographie Schmoller's vollendet werden — man denke nur an die Fleischpreise von Elberfeld! von Pforzheim! von Mühlheim! von Hildesheim! von Germersheim! von Zwickau! u. s. f. — so würden hierzu nur Aeonen ausreichen. Wie die Astronomen zur Berechnung ihrer gewaltigen Entfernungen den Begriff von Lichtjahren in ihre Wissenschaft einführen mussten: so würden wir Volkswirthe zum Mindesten nach Lebensaltern der Sonnensysteme zu rechnen beginnen müssen, um auch nur einen annäherungsweisen Begriff von den Zeiträumen zu erhalten, die nöthig wären, um eine vollständige historisch-statistische

---

\*) Jahrbuch, a. a. O. S. 241 ff.
\*\*) Vgl. Hildebrand's Jahrbücher, herausg. von J. Conrad, 1884, N. F., VIII. S. 109.
\*\*\*) E. Sax, a. a. O., S. 3.

Grundlage für die theoretische Forschung im Sinne Schmoller's zu gewinnen.

Dabei wäre noch zu berücksichtigen, dass das zu erforschende historische Material in Folge des Umstandes, dass die Wirthschaftsgeschichte nicht still steht, sich unablässig erneuert, ja mit Rücksicht auf den Aufschwung der wirthschaftlichen Seite des Volkslebens sich in gewissem Sinne in quadratischem Verhältnisse vermehrt, während die echte Schmoller'sche Geschichtsschreibung derselben doch bestenfalls kaum in arithmetischer Progression zu folgen vermöchte, und solcherart der abenteuerliche Gedanke Schmoller's nur noch abenteuerlicher erscheint.

Doch wenn wir von der besonderen Form Schmoller'scher Geschichtsschreibung auf dem Gebiete der Volkswirthschaft auch absehen, so bleibt noch immer so viel Naivetät in dem obigen Gedanken, dass es schwer wird, denselben ernst zu nehmen. Der Gedanke Schmoller's ist so unqualificirbar, als jener eines Historikers oder Statistikers, welcher seinen Fachgenossen den Rath ertheilen würde, für ungemessene Zeiträume die historischen und statistischen Studien ruhen zu lassen und inzwischen ausschliesslich, oder doch vorwiegend, auf dem Gebiete der Socialphilosophie zu dilettantiren - - u. zw. aus dem Grunde, weil die theoretischen Socialwissenschaften wichtige Hilfswissenschaften der Geschichtsforschung, die Ergebnisse derselben jedoch noch mangelhafte seien! Nach Schmoller müsste eigentlich der gegenwärtige zurückgebliebene Zustand der Wissenschaften von der Volkswirthschaft für die Historiker und Statistiker eine Aufforderung sein, sich mit der Theorie, und für die Theoretiker sich mit Geschichte und Statistik zu befassen! Natürlich! Nur nicht auf dem eigenen Gebiete der Forschung arbeiten! Dies ist viel zu commun, nebenbei gesagt, auch viel zu mühselig und schwierig, während das Dilettantiren auf fremden Gebieten, eben so vornehm — als leicht ist. Nichts in der Welt ist bequemer als dies „ut aliquid fecisse videatur" auf dem Gebiete einer Wissenschaft.

Und selbst dagegen würde sich kaum Jemand wenden, würde Schmoller nur nicht mit der merkwürdigen Prätension auftreten, seine historische Mikrographie sei, ob nun überhaupt, oder doch zunächst, die hauptsächlich berechtigte Richtung der Forschung — nicht etwa auf dem Gebiete der historischen Wissenschaften von der Volkswirthschaft, — selbst darüber liesse sich noch streiten — sondern auf dem Gebiete der politischen Oekonomie!

Schmoller hat — ich weiss nicht, aus welchem Grunde — offenbar keine Ahnung davon, wie viel auf dem Gebiete der politischen Oekonomie, selbst auf der Grundlage unserer heutigen Hilfsmittel, zu thun, und um wie viel wichtiger es für unsere Wissenschaft ist, dass das von den Historikern und Statistikern erforschte Material für die Zwecke der Theorie und der praktischen Wissenschaften von der Volkswirthschaft verwerthet, als dass über irgend welche Specialissima der Volkswirthschaft, etwa über die Strassburger Fleischpreise oder gewisse Tuchmacherzünfte, (Seitens der Vertreter unserer Wissenschaft!) neues Material zu Tage gefördert werde.

Glaubt übrigens Schmoller im Ernste, dass ein Theoretiker, welcher es mit seiner Aufgabe streng nimmt, sich um historische oder statistische Belehrung an die Ergebnisse seiner Forschung wenden werde? Ich will hier nicht davon sprechen, ob Schmoller's wissenschaftliches Temperament der unbefangenen Geschichtsforschung und objectiven Geschichtsdarstellung besonders förderlich sei. Ja ich möchte seine historischen Arbeiten sogar in ihrer Art als recht schätzenswerth bezeichnen. S c h m o l l e r wird sich indess wohl selbst nicht dem Glauben hingeben, dass dieselben jene Bürgschaften der Verlässlichkeit gewähren, welche der Theoretiker von historischen und statistischen Arbeiten beansprucht, Bürgschaften, wie sie doch nur Historiker und Statistiker vom Fache zu bieten vermögen. S c h m o l l e r's historische und statistische Arbeiten sind jedenfalls sehr wackere Leistungen; indess unser Lob des Autors könnte ein viel uneingeschränkteres sein, wenn diese Arbeiten von einem Handelskammer-Secretär, dem Redacteur einer Gewerbe-Zeitung, oder aber dem historischen Vereine irgend einer preussischen Provinzstadt herrühren würden. Historische und statistische Arbeiten von solcher Provenienz werden von den Theoretikern von vornherein mit jener Vorsicht benützt, welche den Bürgschaften ihrer Verlässlichkeit und der Sachkunde ihrer Urheber entspricht. Dass indess ein Professor der politischen Oekonomie auf Gebieten, deren Technik er nicht vollständig beherrscht, nahezu ausschliesslich dergleichen schätzenswerthe Arbeiten zu Tage fördert, ist jedenfalls eine ungewöhnliche Erscheinung; sie würde indess an das Lächerliche streifen, würde sich S c h m o l l e r, um der obigen Arbeiten willen, im Ernste für einen Geschichtsschreiber halten.

Wahrlich, das Beispiel S c h m o l l e r's ist nicht so verlockend, dass irgend ein Vertreter der politischen Oekonomie hierdurch veranlasst werden könnte, das eigenste Gebiet wissenschaftlicher Forschung zu verlassen, um sich dem Dilettantenthum auf dem Gebiete der Geschichtsschreibung zu widmen!

# Achter Brief.

Ich würde glauben, die Einwürfe der historischen Schule gegen meinen Standpunkt in der Frage nach dem Verhältnisse der politischen Oekonomie zu den historischen Wissenschaften von der Volkswirthschaft nicht zu erschöpfen, wenn ich nicht einer eigenthümlichen Form des Historismus in unserer Wissenschaft gedächte, welche in nicht geringerem Masse, als die in meinem vorigen Schreiben gekennzeichnete, zur Ueberschätzung historischer Studien und zur einseitigen Hingabe der deutschen Volkswirthe an diese letzteren beigetragen hat: ich meine die unter den deutschen Volkswirthen weit verbreitete Ansicht, dass die Geschichte die ausschliessliche empirische Grundlage, sowohl der theoretischen Volkswirthschaftslehre, als auch der praktischen Wissenschaften von der Volkswirthschaft sei. Die Irrthümlichkeit dieser Ansicht, sowohl rücksichtlich der theoretischen Volkswirthschaftslehre, als auch der praktischen Wissenschaften von der Volkswirthschaft, klar zu stellen, scheint mir aber um so wichtiger, als die in Rede stehende Lehrmeinung für die ganze Stellung der historischen Volkswirthe zu den Fragen der Methodik unserer Wissenschaft von entscheidender Bedeutung ist.

Die Anhänger der obigen Meinung scheinen mir um zunächst von dem Historismus in der theoretischen Nationalökonomie zu sprechen — vor Allem zu übersehen, dass neben der Geschichte auch die gemeine Lebenserfahrung (die Kenntniss der Motive, der Ziele, der den Erfolg bestimmenden Umstände und der Erfolge individualwirthschaftlicher Thätigkeit) eine nothwendige Grundlage der theoretischen Volkswirthschaftslehre sei. Die complicirten Erscheinungen der Volkswirthschaft sind vorwiegend das Ergebniss des Contactes individualwirthschaftlicher Bestrebungen\*), das Verständniss dieser letzteren und ihrer Wechselbeziehungen ist somit die nothwendige Voraussetzung jenes der ersteren. Die Geschichte der Volkswirthschaft bietet uns aber nicht die Kenntniss der individualwirthschaftlichen Vorgänge \*\*)

---

\*) Untersuchungen, S. 232 ff.
\*\*) Die theoretische Volkswirthschaftslehre hat nicht nur das generelle Wesen und den generellen Zusammenhang jener Erscheinungen der menschlichen Wirthschaft zu erforschen, welche, wie beispielsweise die Marktpreise, die Wechsel- und Effectencurse, die Geldwährung, die Banknoten, die Handelskrisen u. s. f. Erscheinungen der „Volkswirthschaft", die Resultante des Contactes der durch den Güterverkehr zu einer höheren Einheit verbundenen Individualwirthschaften, beziehungsweise der auf die Pflege dieses Organismus von Individualwirthschaften gerichteten staatlichen Thätigkeit sind (S. 233 ff. meiner Untersuchungen), sondern auch das Wesen der Singularerscheinungen der menschlichen Wirthschaft und ihren Zusammenhang mit den Erscheinungen der „Volkswirthschaft" in dem obigen Verstande des Wortes. Die Volkswirthschaftslehre hat uns z. B. auch das Wesen „der individuellen Bedürfnisse", das Wesen der „Güter", ja selbst das Wesen solcher Wirthschafts-Phänomene darzulegen, welche, wie z. B. der „Gebrauchswerth", durchaus subjectiver Natur, lediglich im Individuum real

zumal ihrer psychologischen Motivirung, ja sie vermag uns, aus Gründen, deren ich an anderer Stelle in ausführlicher Weise gedacht habe, eine solche gar nicht zu gewähren.\*) Nur wer das Wesen der Geschichtsschreibung völlig verkennt, vermag die Geschichte als die ausschliessliche empirische Grundlage der theoretischen Nationalökonomie zu bezeichnen.

Noch viel weniger kann die Geschichte als die ausschliessliche empirische Grundlage der p r a k t i s c h e n W i s s e n s c h a f t e n  v o n  d e r  V o l k s - w i r t h s c h a f t bezeichnet werden: es ist vielmehr von selbst einleuchtend, dass eine auch noch so gründliche Kenntniss der Vergangenheit der Völker an und für sich uns nicht zu befähigen vermöchte, die Grundsätze zum zweckmässigen Eingreifen in die Volkswirthschaft, zum zweckmässigen Handeln auf dem Gebiete dieser letztern festzustellen. Das wirthschaftliche Leben der Völker fördert unablässig neue Aufgaben der Volkswirthschaftspflege und der Finanzverwaltung zu Tage, deren Lösung doch nicht ausschliesslich auf Grundlage des Studiums der Vergangenheit, sondern lediglich auf der Grundlage einer weit über blos historisches und statistisches Wissen hinausreichenden Erkenntniss der jeweiligen Exigenzen des Staatslebens, der wechselnden Auffassung von den Aufgaben staatlicher Thätigkeit, des Standes der technischen Wissen-

---

sind. Wie vermöchte sie die Erkenntniss des Wesens dieser Erscheinungen und ihres Zusammenhanges mit den Phänomenen der „Volkswirthschaft" ausschliesslich aus der Geschichte zu schöpfen? Die Meinung, die Geschichte sei die ausschliessliche empirische Grundlage der Socialwissenschaften, ist eine in die Augen fallende Einseitigkeit. (Vgl. S. 121 ff. meiner Untersuchungen.)

\*) Ebend. S. 122.

schaften u. s. f. gelöst zu werden vermag. Der Historiker, „der rückwärts gekehrte Prophet", kann nicht der allein Massgebende auf dem Gebiete der praktischen Wirthschafts-Wissenschaften sein. Der Historismus im obigen Sinne ist auch in Rücksicht auf die Volkswirthschaftspolitik und die Finanzwissenschaft eine augenfällige Einseitigkeit. Derselbe ist bei einer einigermassen den Anforderungen des Lebens an die Wissenschaft entsprechenden Auffassung der Theorie der Volkswirthschaft und der praktischen Wirthschafts-Wissenschaften überhaupt ganz unhaltbar und nur aus den Irrthümern unserer historischen Volkswirthe über das Wesen und die Aufgaben der politischen Oekonomie erklärlich.

Wer in der **theoretischen Volkswirthschaftslehre**, gleich den hier in Rede stehenden Volkswirthen, eine „Wissenschaft von den Parallelismen der Wirthschaftsgeschichte", wer in den **praktischen** Wissenschaften von der Volkswirthschaft lediglich eine systematische Darstellung der von den hauptsächlichen Culturvölkern in der Vergangenheit angestrebten wirthschaftlichen Ziele, der zur Erreichung derselben in der Vergangenheit ergriffenen Massregeln und der hier erzielten Erfolge erkennt: vermag in der obigen Rücksicht allerdings in historischen Studien sein Genügen zu finden. Wer in den hier gekennzeichneten Bestrebungen unserer historischen Volkswirthe dagegen nur besondere, wenn auch in hohem Grade schätzbare Zweige der Forschung auf dem Gebiete der politischen Oekonomie, wer in der theoretischen Volkswirthschaftslehre: die Wissenschaft von den Erscheinungsformen und den Gesetzen der volkswirthschaftlichen Phänomene; in den praktischen Wissenschaften von der Volkswirthschaft: die Wissenschaften von den Grundsätzen zur zweckmässigen Pflege der Volkswirthschaft, beziehungsweise zur zweckmässigen Regelung des Staatshaushaltes erkennt, wird die Geschichte und die Statistik der Volkswirthschaft zwar als wichtige Hilfswissenschaften, niemals aber als die ausschliessliche empirische Grundlage der Forschung auf dem Gebiete der politischen Oekonomie zu bezeichnen vermögen.

Indem unsere historischen, zumal unsere neuhistorischen Volkswirthe sich nahezu ausschliesslich historischen Studien hingeben, verfallen sie demnach nicht nur in die Einseitigkeit, an Stelle jener Wissenschaft, deren Bearbeitung ihnen zunächst obliegt, eine Hilfswissenschaft derselben zu setzen, d. i. anstatt die „Gesetze der Volkswirthschaft" und die „Grundsätze zum zweckmässigen Handeln auf dem Gebiete der Volkswirthschaft" zu erforschen, empirisches Material zur Feststellung der obigen wissenschaftlichen Wahrheiten festzustellen; ihre Einseitigkeit ist vielmehr eine ungleich grössere. Sie beschäftigen sich nur mit Einer von den zahlreichen Hilfswissenschaften der politischen Oekonomie und zwar noch überdies mit einer solchen, welche uns nur einen Theil des zur Feststellung der Wahrheiten dieser letzteren nöthigen empirischen Materials darzubieten vermag, während sie doch die politische Oekonomie selbst zu bearbeiten wähnen.

Die obige Ansicht ist jener des Kärrners vergleichbar, welcher für den Architekten gelten wollte, weil er einige Karren Steine und Sand zum Bauwerke geführt hatte.

# Neunter Brief.

Glauben Sie übrigens ja nicht, mein Freund, dass die Meinung, die Geschichte sei die ausschliessliche empirische Grundlage der politischen Oekonomie, der letzte Trumpf sei, welchen der Historismus in unserer Wissenschaft ausgespielt hat. Wie jede Einseitigkeit bis in ihre äusserste Consequenz verfolgt werden, sich gleichsam ausleben muss, um endlich als solche allgemein erkannt zu werden, so ist auch der Historismus auf dem Gebiete der politischen Oekonomie bei der obigen Auffassung nicht stehen geblieben. Hat doch ein Theil unserer historischen Volkswirthe die Idee theoretischer und praktischer Wissenschaften von der Volkswirthschaft überhaupt preisgegeben, um in historischen Darstellungen die einzig berechtigte Aufgabe der Forschung auf dem Gebiete der Volkswirthschaft zu erkennen. Indess selbst jene, welche an der Idee theoretischer und praktischer Wissenschaften auf dem obigen Gebiete von Erscheinungen mit grösserer oder geringerer Consequenz festhalten, haben es verstanden, den Historismus in der politischen Oekonomie noch einen Schritt über den vorhin gekennzeichneten Standpunkt zu führen.

Wer die Ergebnisse der historischen Forschung als die ausschliessliche empirische Grundlage der theoretischen Nationalökonomie und der praktischen Wissenschaften von der Volkswirthschaft auffasst, verkennt die Bedeutung aller übrigen empirischen, überdies aber jene der rationellen Grundlagen der theoretischen und praktischen Richtung des Erkenntnissstrebens auf dem Gebiete der Volkswirthschaft. Er wird in den „Gesetzen der volkswirthschaftlichen Erscheinungen" lediglich „Entwickelungsgesetze", „Parallelismen der Wirthschaftsgeschichte"; in der theoretischen Nationalökonomie, nicht eine Wissenschaft von den „Gesetzen der volkswirthschaftlichen Erscheinungen", sondern eine Wissenschaft dieser „Parallelismen der Wirthschaftsgeschichte" erkennen; er wird durch die obige einseitige Auffassung dazu geführt werden, die praktischen Wissenschaften von der Volkswirthschaft, nicht als Darstellungen der Grundsätze zum zweckmässigen, der Besonderheit der Verhältnisse angemesssenen Handeln auf dem Gebiete der Volkswirthschaft, sondern lediglich als Darstellungen der Wirthschaftsgeschichte entlehnter Erfahrungen über die Ziele, die Massregeln und Erfolge der Wirthschaftspolitik und der Finanzverwaltung, zu betrachten u. dgl. m.

So einseitig sein Standpunkt in Folge der obigen Auffassungen aber auch sein mag, er wird doch, weder die Existenz von „Gesetzen" der Erscheinungen, noch aber auch von „Grundsätzen zum zweckmässigen Handeln" auf dem Gebiete der Volkswirthschaft überhaupt leugnen. Die Geschichte und die Statistik werden auch für ihn nur die empirische Grundlage sein, auf welcher die, wenn auch noch so einseitig aufgefassten Wahrheiten der theoretischen Nationalökonomie und der praktischen Wissenschaften von der Volkswirthschaft erst noch erforscht werden müssen. Die theoretischen und praktischen Erkenntnisse werden, auch noch nach dieser Auffassung, ein von dem historisch-statistischen Material, auf dessen Grundlage sie gewonnen werden sollen, Verschiedenes sein.

Selbst diese Ansicht vom Wesen unserer Wissenschaft scheint dem einseitigen Historismus einer Reihe deutscher Volkswirthe indess nicht genügt zu haben. Dieselben stellen vielmehr als Postulat der Forschung den Grundsatz auf, dass auch in der politischen Oekonomie, u. zw. sowohl in dem theoretischen als auch in den praktischen Theilen derselben, eigentlich „die Geschichte für sich selbst zu sprechen habe," an die Stelle von Gesetzen der volkswirthschaftlichen Erscheinungen und an die Stelle von Grundsätzen zur zweckmässigen Förderung der Volkswirthschaft, beziehungsweise zur zweckmässigen Einrichtung des Staatshaushaltes, ein nach gewissen Kategorien geordnetes historisch-statistisches Material treten solle. Wenn Schmoller verlangt, dass die „Nationalökonomie wesentlich descriptiv verfahren, und dem Studirenden ein concretes individuelles Bild, aber geordnet nach Begriffen, Typen und Relationen etc., specialisirt bis zur Verfolgung in das Einzelne der Erscheinungen und Ursachen" bieten solle [*]), so documentirt er sich hier lediglich als einen Vertreter dieser äussersten, mit der Idee der politischen Oekonomie noch vereinbarlichen Form des Historismus, als Vertreter einer Ansicht, welche, an die Stelle der Theorie und der praktischen Wissenschaften von der Volkswirthschaft, „wesentlich" ein nach gewissen wissenschaftlichen Kate-

---

[*]) Jahrbuch. a. a. O. S. 246.

gorien geordnetes historisch-statistisches Material setzen möchte, — ohne Zweifel so ziemlich der niedrigste Standpunkt, auf den eine Socialwissenschaft gestellt zu werden vermag.

Was war der Gang der Entwicklung in der historischen Schule der deutschen Nationalökonomie?

Theorie! Theorie verbrämt mit historisch-statistischen Notizen und durchbrochen von historischen Excursen! — Blosse Notizen und historische Excurse mit dem Anspruche, für eine Theorie zu gelten!

Ein weiterer „Fortschritt" in dieser Richtung ist allerdings schwer möglich.

## Zehnter Brief.

Auch meine Ausführungen über das Verhältniss der theoretischen Nationalökonomie zu den praktischen Wissenschaften von der Volkswirthschaft haben Schmoller's Zustimmung nicht zu finden vermocht. Ich hatte die theoretische Nationalökonomie als die Wissenschaft gekennzeichnet, welche das generelle Wesen (die Erscheinungsformen!) und den generellen Zusammenhang (die Regelmässigkeiten in der Coëxistenz und der Aufeinanderfolge — die Gesetze!) der volkswirthschaftlichen Phänomene zu erforschen und darzustellen habe; die Volkswirthschaftspolitik und die Finanzwissenschaft aber als die Wissenschaften von den Grundsätzen, den Maximen, nach welchen, je nach der Besonderheit der Verhältnisse, die Volkswirthschaft am zweckmässigsten gefördert, beziehungsweise der Staatshaushalt am zweckmässigsten eingerichtet werden könne.\*) Das Verhältniss zwischen der ersteren und den beiden letzt-

---

\*) Untersuchungen, S. 9 und 245 ff.

genannten Wissenschaften bezeichnete ich der näheren Erklärung willen aber als ein solches, wie etwa jenes der Anatomie und Physiologie zur Chirurgie und Therapie.\*) Die theoretische Volkswirthschaftslehre sei in ähnlicher Weise die theoretische Grundlage der praktischen Wissenschaften von der Volkswirthschaft, wie die Anatomie und die Physiologie die theoretische Grundlage jener Wissenschaften, welche uns die Grundsätze und Vorgangsweisen zum zweckmässigen Eingreifen in den menschlichen Organismus lehren.

Ich glaubte nach dem Gesagten mich für Alle, für welche wissenschaftliche Werke überhaupt geschrieben sind, verständlich genug ausgedrückt zu haben. Zum Ueberflusse fügte ich indess zu den obigen Ausführungen noch die Bemerkung hinzu, dass die praktischen Wissenschaften von der Volkswirthschaft selbst wieder praktischer Anwendung fähig seien, und die obigen Wissenschaften und die Praxis der Volkswirthschaftspolitiker und der Finanzmänner desshalb nicht verwechselt werden dürfen, zwischen welchen vielmehr der nämliche Unterschied bestehe, wie etwa zwischen der Chirurgie und der Therapie, (welche ja auch praktische Wissenschaften seien!) und der Praxis wissenschaftlich gebildeter Aerzte, oder wie zwischen der chemischen und der mechanischen Technologie und der Thätigkeit der praktischen Chemiker und Mechaniker.\*\*)

Hören wir nun, was Schmoller gegen diese Ausführungen zu bemerken hat.

Derselbe schreibt wörtlich: „Gewiss wollen diese Disciplinen (die Volkswirthschaftspolitik und die Finanzwissenschaft), so wie sie gewöhnlich vorgetragen werden

---

\*) A. a O. S. 246.
\*\*) Ebend., S. 245 ff.

und in älteren Lehrbüchern be- und misshandelt werden, zugleich praktische Anweisungen sein; die älteren theilweise noch gebrauchten Bücher waren nichts als socialpolitische, verwaltungsrechtliche und finanzwissenschaftliche Receptsammlungen. Aber es ist ein Fortschritt der neueren Zeit, dass sie darüber hinaus gekommen ist; gerade Roscher's zweiter und dritter Band, Stein's und Wagner's Finanzwissenschaft repräsentiren die gelungensten Versuche diese Disciplinen (die Volkswirthschaftspolitik und die Finanzwissenschaft!) zum Range von theoretischen Wissenschaften zu erheben."*)

Schmoller hält es somit für einen Mangel der Volkswirthschaftspolitik und der Finanzwissenschaft, für eine Misshandlung dieser Wissenschaften, wenn sie, wie dies in älteren Lehrbüchern thatsächlich der Fall sei, „zugleich praktische Anweisungen sein wollen"? Was soll, mit Verlaub, eine praktische Wissenschaft**) denn überhaupt anders, als eine praktische Anweisung im obigen Sinne „sein wollen"? Es gibt keine praktische Wissenschaft, welche an sich etwas anderes, als eine praktische Anweisung in dem obigen Verstande des Wortes ist, und die praktischen Wissenschaften von der Volkswirthschaft machen hiervon selbstverständlich keine Ausnahme. Sie sollen uns, nicht nur „zugleich", sondern überhaupt die Grundsätze zum zweckmässigen der Verschiedenheit der Verhältnisse entsprechenden Handeln auf dem Gebiete der

---

*) Jahrbuch, a. a. O. S. 215.
**) Ich bezeichne die praktischen Wissenschaften an zahlreichen Stellen als sogenannte Kunstlehren und glaube mich demnach auch hier für Jedermann, der mich verstehen will, verständlich genug ausgedrückt zu haben.

Volkswirthschaft lehren. Worin soll also die Misshandlung der praktischen Wirthschaftswissenschaften in den „älteren Büchern" bestehen? Nur in den Augen eines Gelehrten, in dessen Geiste eine vollständige Verwirrung über das Wesen der politischen Oekonomie und ihrer Theile herrscht, kann das Streben, die natürlichen und nächsten Aufgaben der praktischen Wissenschaften von der Volkswirthschaft zu lösen, als eine Misshandlung dieser Wissenschaften erscheinen.

Freilich! Schmoller vermag, wie aus seinen Erörterungen hervorgeht, die praktischen Wissenschaften im herrschenden Sinne des Wortes „der Hauptsache nach" nur als Receptsammlungen zu denken; „die älteren theilweise noch gebrauchten Bücher wären, meint Schmoller, sogar nichts anderes, als socialpolitische, verwaltungsrechtliche und finanzwissenschaftliche Receptsammlungen gewesen".

Eine Wissenschaft, welche uns die Grundsätze, die Maximen, zum zweckmässigen der Verschiedenheit der Verhältnisse entsprechenden Handeln lehrt, ist also eine praktische Anweisung im Sinne einer Receptsammlung? Schmoller kann eine Wissenschaft von den Grundsätzen zur zweckmässigen der Verschiedenheit örtlicher und zeitlicher Verhältnisse entsprechenden Pflege der Volkswirthschaft, oder von eben solchen Grundsätzen zur zweckmässigen Einrichtung des Staatshaushaltes, nur als eine volkswirthschaftliche Receptsammlung denken? Die Chirurgie und die Therapie sind praktische Wissenschaften, folglich Receptsammlungen? Die Technologie ist eine Receptsammlung?

Und die älteren theilweise noch gebrauchten Bücher über Volkswirthschaft und Finanzwissenschaft bis auf Roscher, Wagner und Stein waren nichts als socialpolitische, verwaltungsrechtliche und finanzwissenschaftliche Receptsammlungen?

Wie profund muss die Einsicht eines Autors in das Wesen der praktischen Wissenschaften von der Volkswirthschaft und seine Kenntniss der bezüglichen Literatur sein, damit eine solche Auffassung möglich werde!

# Eilfter Brief.

Damit die Volkswirthschaftspolitik und die Finanzwissenschaft fürderhin keine Receptsammlungen seien, verlangt Schmoller, „dass man diese Disciplinen zum Range von theoretischen Wissenschaften erhebe", d. i. in seinem Sinne, zu theoretischen Wissenschaften umgestalte; ja „Roscher's 2. und 3. Band, Stein's und Wagner's Finanzwissenschaft seien bereits gelungene Versuche, diese Disciplinen zum Range von theoretischen Wissenschaften zu erheben".

Ich möchte vor allen meinen, dass sämmtliche Wissenschaften, ob sie nun theoretische oder praktische sind, den gleichen Rang aufweisen, die letzteren keinen geringeren, als die ersteren. Die Chirurgie und die Therapie, die mechanische und die chemische Technologie, die Volkswirthschaftspolitik und die Finanzwissenschaft stellen an den Forscherfleiss und das Genie ihrer Bearbeiter andere, indess sicherlich keine geringeren Anforderungen, als die theoretischen Wissenschaften; sie stehen nur in der Phantasie Schmoller's den ihnen entsprechenden theoretischen Wissenschaften „im Range" nach. Ein Tschin der Wissenschaften im Sinne Schmoller's existirt überhaupt nicht; die praktischen Wissenschaften bedürfen der „Erhebung" zu Theorien nicht.

Die Wissenschaften unterscheiden sich — was Schmoller zu übersehen scheint — nicht durch ihren „Rang", sondern durch die Aufgaben, die sie zu lösen haben. Die theoretischen Wissenschaften haben das generelle Wesen (die Erscheinungsformen!) und die Regelmässigkeiten in der Coëxistenz und in der Aufeinanderfolge (die Gesetze!) der Erscheinungen, die praktischen Wissenschaften dagegen die Grundsätze zum zweckmässigen Handeln, zum zweckmässigen Eingreifen in die Erscheinungen, zu erforschen und darzustellen. Hierin, in der Verschiedenheit der Aufgaben liegt der Unterschied zwischen den theoretischen und praktischen Wissenschaften und die Erhebung der letzteren zu den ersteren ist ein Gedanke ungefähr von der nämlichen Tiefe, als ob in der Baukunst die „Erhebung" des Fundamentes zur Façade, oder gar des Capitäls einer Säule zum Piedestal derselben angestrebt, und als eine epochemachende Umwälzung auf dem Gebiete der Architektur hingestellt werden würde. So sinnlos es wäre, die Chirurgie und die Therapie zur Anatomie und Physiologie, die chemische und die mechanische Technologie zur Chemie und Mechanik „erheben" zu wollen, so wenig kann vernünftigerweise von einer Erhebung der praktischen Wissenschaften von der Volkswirthschaft zu einer Theorie der volkswirthschaftlichen Erscheinungen die Rede sein.

Jede Wissenschaft kann allerdings in einem gewissen Sinne erhoben, d. i. vervollkommnet werden, aber nicht etwa, wie Schmoller sich dies vorstellt, dadurch, dass wir derselben ihrer Natur widersprechende, anderen Wissenschaften obliegende Aufgaben zuweisen, sondern, indem wir die jeder Wissenschaft eigenthümlichen Aufgaben in so vollkommener Weise, als dies der Zustand menschlicher Erkenntniss jeweilig zulässt, zu lösen unternehmen. Dies gilt selbstverständlich auch von den praktischen Wissenschaften. Auch diese sind unbegrenzter Vervollkommnung fähig, aber sicherlich nicht auf dem von Schmoller geplanten Wege, indem wir dieselben zu theoretischen Wissenschaften umgestalten. Damit die praktischen Wissenschaften keine Receptsammlungen seien, muss man dieselben, wie ich dies ausführlich dargelegt habe *), auf die theoretischen Wissenschaften begründen: die Chirurgie und die Therapie auf die Anatomie und die Physiologie, und zwar nicht nur auf diese, sondern, wie ich gezeigt habe, zugleich auf die Physik, die Mechanik, die Chemie u. s. f.; die mechanische und die chemische Technologie auf die Mechanik und die Chemie, indess nicht nur auf diese, sondern ebensowohl auf die Physik, die Mathematik u. s. f.; und endlich die praktischen Wissenschaften von der Volkswirthschaft die Volkswirthschaftspolitik und die Finanzwissenschaft!) in erster Reihe auf die theoretische Volkswirthschaftslehre, — indess nicht nur auf diese, sondern auf alle jene theoretischen Wissenschaften, deren Kenntniss zur Feststellung der Grundsätze zum zweckmässigen Handeln auf dem Gebiete der Volkswirthschaft erforderlich ist.

So beschaffene praktische Wissenschaften haben ihren „Rang" im Kreise der Wissenschaften durch sich selbst — sie bedürfen nicht einer anderen, als der eben dargestellten „Erhebung", am wenigsten der Schmoller'schen zu theoretischen Wissenschaften.

Schmoller gehört zu jenen Gelehrten, welche

---

*) Untersuchungen, S. 257.

eine unüberwindliche Abneigung gegen die Behandlung aller aus der Natur der einzelnen Wissenschaften sich ergebenden Probleme haben. Keine Wissenschaft ist ihm in dieser Rücksicht gut genug. Er möchte die **Theorie** der Volkswirthschaft zu einer **historischen**, die **praktische** Volkswirthschaftslehre zu einer **theoretischen** Wissenschaft erheben. Wäre er ein Historiker vom Fache, er würde die **Geschichte** zu einer „Naturwissenschaft", wäre er ein Therapeutiker, er würde seine Disciplin zu einer „Physiologie", betriebe er die Botanik, er würde dieselbe ohne Zweifel zu einer „Zoologie des Pflanzenreiches" zu „erheben" suchen.

Er ist das Prototyp der „problematischen Natur" auf dem Gebiete der Wissenschaft.

# Zwölfter Brief.

Sie werden, mein Freund, nach dem Gesagten, sicherlich nicht wenig neugierig sein, zu erfahren, wie Schmoller sich eigentlich die Erhebung der praktischen Wissenschaften von der Volkswirthschaft zum Range von theoretischen denkt. Lassen wir ihn selbst uns hierüber belehren. Derselbe schreibt wörtlich Folgendes:

„Die praktische Nationalökonomie „kann das Gewand der Kunstlehre voll„ständig abstreifen, wenn sie die specielle Ent„wicklung der deutschen, eventuell dieser und der „französisch-englischen Volkswirthschaft der letzten „Jahrhunderte nach der Seite der Agrar-, Gewerbe„und Handelspolitik, nach Ursachen und Folgen im „Einzelnen darlegt. Sie beschränkt sich dann darauf, „wesentlich descriptiv zu verfahren, ist aber so viel„leicht ein ebenso gutes oder besseres Erziehungs„oder Unterrichtsmittel für künftige Beamte, als wenn „sie blos Kunstlehre sein will, d. h. wenn sie „freihändlerische oder staatssocialistische „Rathschläge ertheilt."[*])

Beachten Sie, mein Freund, die köstliche Logik,

---

[*]) Jahrbuch. S. 215 ff.

welche in dem Schlusssatze dieser Ausführungen liegt. Doch davon nur im Vorübergehen. Untersuchen wir die Modalitäten, unter welchen Schmoller, ein moderner Apollo, der praktischen Nationalökonomie, seinem Marsyas, zwar nicht die Haut, wohl aber „das Gewand der Kunstlehre" „vollständig abstreifen will". Dass die Darstellung der speciellen Entwickelung der deutschen, und nicht nur „eventuell", sondern jedenfalls auch der „englisch-französischen", überdies aber doch wohl auch der italienischen, der spanischen, der portugiesischen, der holländischen, der amerikanischen Volkswirthschaft u. s. f., und zwar eine alle „Seiten" und Perioden derselben (nicht nur die von Schmoller erwähnten!) umfassende „Darstellung derselben nach Ursachen und Folgen im Einzelnen", kurz und deutsch: „dass eine ihren Aufgaben entsprechende Wirthschafts-Geschichte der Culturvölker für den Staatsmann und selbstverständlich auch für den künftigen Beamten", ein zweckmässiges Bildungsmittel sei: darüber ist man doch wohl schon vor Schmoller im Klaren gewesen. Der Nutzen der Geschichte der Wirthschaftspolitik der einzelnen Staaten und ihres Finanzwesens, gleich wie der Nutzen der Finanzstatistik steht für den Bearbeiter der praktischen Wirthschaftswissenschaften so sehr ausser jedem Zweifel, so sehr ausser jeder Discussion, dass Schmoller uns mit dergleichen endlich verschonen sollte. Die Geschichte und die Statistik sind für den Forscher auf dem Gebiete der politischen Oekonomie nützlich für den Theoretiker nützlich, für den Praktiker nützlich, für den Studirenden, für den künftigen Beamten, für jeden Menschen nützlich. Wie oft haben wir dies schon gehört?

*Factum est jam tritum sermone proverbium!*

In welcher Beziehung soll die obige Wahrheit indess zur Frage nach der „Erhebung" der praktischen Wissenschaften von der Volkswirthschaft zu einer Theorie der letztern stehen?

Oder sollte Schmoller sich diese Erhebung etwa gar in der Weise denken, dass — ? Nein! Es ist unmöglich. Und doch, Sie verweisen, mein Freund, mich auf seine eigenen Worte. — Sollte Schmoller etwa gar der Meinung sein, dass eine praktische Wissenschaft zu einer theoretischen „erhoben" werden könne, indem man eine historische an ihre Stelle setzt, ihr die Aufgaben der Geschichtsforschung auf dem bezüglichen Wissensgebiete zuweist? Ein Säugethier soll zu einem Reptil erhoben werden, indem man einen Vogel an seine Stelle setzt?

Nein! mein Freund, solcher Denkevolutionen halte ich selbst Schmoller nicht für fähig, in dem Momente nicht für fähig, wo er sich „eben rüstet, nach längerer Unterbrechung seine Vorlesung über Methodologie der Staatswissenschaften wieder zu halten."*) Nochmals nein! solcher Widersinn ist unmöglich, zumal in einem für die Staatswissenschaften so feierlichen Momente! Lesen wir noch einmal, ehe wir unseren Augen trauen.

„Die praktische Nationalökonomie kann das Ge-
„wand der Kunstlehre vollständig abstreifen, wenn
„sie die specielle Entwicklung der deutschen, even-
„tuell dieser und der französisch-englischen Volks-
„wirthschaft der letzten Jahrhunderte nach der Seite
„der Agrar-, Gewerbe- und Handelspolitik nach Ur-
„sachen und Folgen im Einzelnen darlegt. Sie
„beschränkt sich dann darauf, wesentlich de-

---

*) Jahrbuch, S. 239.

„scriptiv zu verfahren, ist aber so vielleicht ein eben „so gutes oder besseres Erziehungsmittel für künftige „Beamte, als wenn sie blos Kunstlehre sein will, „d. h. wenn sie freihändlerische oder staatssocialistische „Rathschläge ertheilt." — —

Wenn auf dem Gebiete irgend einer andern **praktischen Wissenschaft** — nehmen wir des Beispieles willen jenes der Chirurgie oder der Therapie — ein Schriftsteller den Gedanken fassen würde, diese Disciplinen, nicht etwa auf die Physiologie und Anatomie (also auf die entsprechenden theoretischen Wissenschaften!) zu begründen, sondern sie zu diesen letztern zu erheben, d. i. im Sinne Schmoller's zu **theoretischen Naturwissenschaften** umzugestalten, so würden alle Fachgenossen desselben die sachkundigen Häupter bedenklich zu schütteln beginnen. Wenn der nämliche Autor aber die Chirurgie oder die Therapie gar in der Weise zur Physiologie oder Anatomie erheben wollte, dass er an ihre Stelle eine **historische Wissenschaft**, also etwa die Ethnographie oder die Anthropohistorie setzen wollte, so würde sich ihm sicherlich sofort die allgemeinste werkthätige Theilnahme seiner medicinischen Collegen zuwenden. Und doch hätte derselbe, im Grunde genommen, nur nicht das richtige Terrain für die Publication seiner Entdeckungen erwählt; hätte er den nämlichen Gedanken auf dem Gebiete der politischen Oekonomie ausgesprochen, so würde er denselben nicht nur als Ergebniss seiner unermüdlichen historischen und philosophischen Studien bezeichnen können, sondern vielleicht sogar gläubige Seelen finden, welche dergleichen für epochemachende Wahrheiten hinzunehmen bereit sein würden.

## Dreizehnter Brief.

Sie werfen mir ein, dass Schmoller über die Art und Weise, wie die praktischen Wirthschaftswissenschaften das Gewand der Kunstlehre vollständig abstreifen und zu theoretischen Wissenschaften erhoben werden sollen, nicht nur der im vorigen Briefe erwähnten, sondern auch noch einer anderen Meinung sei, und es demnach unbillig wäre, derselben an dieser Stelle nicht zu gedenken. Sie haben Recht, und ich will, um keine Neugierde auf die Folter zu spannen, diese zweite Ansicht Schmoller's hier sofort wiedergeben. Er schreibt knapp im Anschlusse an die in meinem vorigen Briefe citirte Stelle: „Sie (die praktische Nationalökonomie nämlich, welche das Gewand der Kunstlehre vollständig abgestreift hat), gibt dann (!?) dem Studirenden „ein concretes individuelles Bild, aber geordnet „nach den Begriffen, Typen, Relationen, „die aus der allgemeinen Theorie der Na„tionalökonomie sich ergeben und specialisirt „bis zur Verfolgung in das Einzelne der Erscheinungen „und Ursachen, welche in dem generellen und darum „abgeblassten Bilde der allgemeinen Nationalökonomie

„entweder ganz fehlen oder zurücktreten. Und ganz „dasselbe gilt von der Finanzwissenschaft."*)

S c h m o l l e r beliebe zu überlegen, dass er in diesem Satze seine Meinung plötzlich ändert. Um die p r a k t i s c h e n Wissenschaften zu t h e o r e t i s c h e n zu erheben, will er von den erstern zwar, nach wie vor, sämmtliche G r u n d s ä t z e zum zweckmässigen Eingreifen in die Erscheinungen der Volkswirthschaft, also dasjenige, was dieselben eben zu praktischen Wissenschaften macht, „abstreifen"; an diesem Gedanken hält er fest; er will indess, — wenn ich S c h m o l l e r richtig verstanden habe — an die Stelle der ihres „Gewandes als Kunstlehren" völlig entkleideten praktischen Wissenschaften, nicht mehr schlechthin die Wirthschaftsgeschichte, sondern geschichtlich-statistische Darstellungen über die einzelnen Gebiete der Volkswirthschaft, g e o r d n e t n a c h d e n K a t e g o r i e n d e r „ a l l g e m e i n e n" N a t i o n a l ö k o n o m i e setzen.

Ich will den Grundsatz der Juristen: „*Lex posterior derogat priori*" auf die Ausführungen S c h m o l l e r's anwenden und annehmen, dass er, was auch sonst aus seinen Ausführungen hervorzugehen scheint, nicht seiner ersten, sondern seiner zweiten Meinung sei, und Sie fragen mich nun, was ich über die obige Art und Weise zu bemerken habe, in welcher S c h m o l l e r die praktischen Wissenschaften von der Volkswirthschaft zu theoretischen zu „erheben" gedenkt?

Mein den praktischen Wissenschaften von der Volkswirthschaft in so hohem Masse, ja bis zur vollständigen Negirung derselben als selbstständige Wissenschaften abgeneigter Gegner wird mir nun wohl selbst nicht mehr zumuthen, dass ich mich mit der obigen Auffassung ernstlich befasse. Gewisse Gedanken sind widerlegt, sobald ihr Sinn klargestellt, sobald sie der Phraseologie, in welche ihr Autor sie hüllt, entkleidet sind. Wer die Erhebung der praktischen Wissenschaften von der Volkswirthschaft zu theoretischen Wissenschaften damit beginnen will, dass er von denselben zunächst alle Grundsätze zum zweckmässigen Handeln auf dem Gebiete der Volkswirthschaft, also Alles, was die obigen Disciplinen eben zu dem macht, was sie sind, „abstreift": mit dem ist so wenig zu rechten, als etwa mit einem Chirurgen, welcher einen Organismus durch Amputirung sämmtlicher Organe regeneriren wollte. „Streifen wir den praktischen Wissenschaften von der Volkswirthschaft alle Grundsätze zum zweckmässigen Handeln auf dem Gebiete der Volkswirthschaft" ab, so bleibt dann ungefähr eben so viel übrig, als von einer Geschichte der Volkswirthschaft, von welcher wir alle „Darstellungen geschichtlicher Entwicklungen", als von einer theoretischen Nationalökonomie, von welcher wir alle „Gesetze der volkswirthschaftlichen Erscheinungen" abstreifen würden, — d. i. das bekannte Messer ohne Klinge und Stiel.

Doch nehmen wir an, Schmoller habe den obigen Satz im Bewusstsein der aus ihm sich ergebenden Consequenzen niedergeschrieben, nehmen wir an, das Nirwana auf dem Gebiete der praktischen Wissenschaften schwebe ihm thatsächlich als Ideal, oder doch als erste Etape bei seinem Streben nach Erhebung der praktischen Wissenschaften von der Volkswirthschaft zu theoretischen vor: so entsteht dann sofort die **Frage**, wie er von dieser negativen Grundlage ausgehend, seine Aufgabe lösen will?

Es sollen — meint Schmoller — „unter die Begriffe, Typen, Relationen, die aus der allgemeinen Theorie der Nationalökonomie sich ergeben" (!!!), gewisse von ihm näher charakterisirte historische Darstellungen eingeordnet, resp. diese letzteren den bezüglichen Lehren der „allgemeinen" Nationalökonomie hinzugefügt werden.

Allerdings könnte irgend Jemand so unbescheiden sein, zu fragen, wie denn eine theoretische Wissenschaft dadurch, dass man ihr historische Darstellungen irgend welcher Art hinzufügt, zu einer praktischen Wissenschaft werden könne?

*Quidquid non est simpliciter tale, illud non est cum addito tale.*

In der Hinzufügung historischer Darstellungen zu einer theoretischen Wissenschaft könne — so werfen Sie ein — doch höchstens, wenn auch in noch so niederem Sinne, eine historische Behandlung dieser theoretischen Wissenschaft erkannt werden; es sei aber nicht abzusehen, wie auf diesem Wege praktische Wissenschaften entstehen sollen, welche das Gewand der Kunstlehre völlig abgestreift haben und die zu theoretischen Wissenschaften erhoben worden sind?

Wie wenig Sie dem Gedankenfluge eines Schmoller zu folgen vermögen! Hören Sie doch nur, was er weiter schreibt:

„Sie (die zu einer theoretischen Wissenschaft „erhobene praktische Nationalökonomie!) gibt dann dem „Studirenden ein concretes individuelles Bild, aber „geordnet nach den Begriffen, Typen, Relationen, die „aus der allgemeinen Theorie der Nationalökonomie „sich ergeben, und specialisirt bis zur Verfolgung in „das Einzelne der Erscheinungen und Ursachen, welche „in dem generellen und darum abgeblassten Bilde der

„allgemeinen Nationalökonomie entweder ganz fehlen „oder zurücktreten."

Verstehen Sie noch immer nicht?

Sie wenden ein, dass eine theoretische Wissenschaft und somit auch eine solche von der Volkswirthschaft uns weder ein concretes, noch ein abstractes Bild, sondern die Gesetze der Erscheinungen zu lehren habe, die Aufgabe, uns ein concretes Bild der Erscheinungen zu bieten, dagegen den historischen Wissenschaften zufalle. Wenn aber auch davon abgesehen werden würde, wie vermöchte jenes abgeblasste Bild der Erscheinungen, welches Schmoller als allgemeine Nationalökonomie bezeichnet, dadurch dass wir demselben historische Darstellungen irgend welcher Art hinzufügen, zu einer „praktischen Wissenschaft von der Volkswirthschaft", und zwar noch dazu zu einer solchen zu werden, welche zu einer theoretischen „erhoben" ist?!

Sie kommen, mein Freund, schon wieder mit dieser unerquicklichen Frage. Ja, Sie zweifeln, dass es in Deutschland eine zweite Wissenschaft gebe, wo dergleichen im vollen Ernste vorgebracht werden könnte, vorgebracht von dem Herausgeber einer wissenschaftlichen Fachzeitung. Es seien dies Ungeheuerlichkeiten, welche geradezu einen tiefen Verfall des abstracten Denkens auf dem Gebiete der politischen Oekonomie bekunden. Wohin, rufen Sie aus, sei es selbst mit den einfachsten, den fundamentalsten Begriffen der Wissenschaftslehre in der neuhistorischen Schule deutscher Volkswirthe gekommen, wenn dergleichen möglich sei?*)

---

*) Es sei hier noch bemerkt, dass aus einzelnen Stellen von Schmoller's Kritik (Vgl. S. 245) hervorgeht, dass er die zu theoretischen Wissenschaften erhobenen praktischen

„Raras.... ferme sensus communis in illa fortuna."
So denken Sie.

Nun hören wir aber, was Schmoller selbst hierüber denkt: „Wer auf diesem Standpunkte steht — ruft er triumphirend aus — für den sind die methodologischen Unterschiede in der Behandlung der theoretischen und praktischen Nationalökonomie nur graduelle, keine fundamentalen, wie für Menger. Wer so denkt und lehrt, der kann es auch nicht für das schlimmste wissenschaftliche Verbrechen ansehen, die Methode der theoretischen und praktischen Nationalökonomie vermischt zu haben.*)

Wissenschaften von der Volkswirthschaft in dem Verhältnisse speciellerer Theile einer allgemeinen theoretischen Nationalökonomie denkt. Schmoller übersieht hierbei, dass praktische Wissenschaften nie in diesem Verhältnisse zu theoretischen stehen können, vielmehr sowohl die theoretischen, als auch die praktischen Wissenschaften allgemeine und specielle Theile haben. So wenig die chemische Technologie ein specieller oder „detaillirterer" Theil der Chemie, die Therapie ein specieller Theil der Physiologie ist, so wenig vermag man die praktischen Wissenschaften von der Volkswirthschaft als specielle Theile einer allgemeinen Nationalökonomie zu bezeichnen. In Wahrheit hat vielmehr die Volkswirthschaftspolitik ebensowohl einen allgemeinen und einen speciellen Theil, wie die theoretische Nationalökonomie. Das Gleiche gilt von der Finanzwissenschaft. (Vgl. meine „Untersuchungen" S. 247.

*) „Der Streit, ob wir es (in der politischen Oekonomie) „mit einer „Science" oder einer „Art" zu thun haben, ist „dahin geschlichtet, dass Beides vorliege: eine reine Theorie „als Grundwissenschaft und eine Kunstlehre als angewandte „Wissenschaft, wenngleich freilich die methodologischen „Consequenzen, welche diese Verschiedenartigkeit der beiden „Theile des Gesammt-Wissensgebietes nach sich zieht. „erst neuerdings in Erinnerung gebracht werden mussten."
E. Sax: Das Wesen und die Aufgaben der Nationalökonomie. 1884. S. 21 ff. Wenn Sax jedoch meint, dass über den

Scherz bei Seite, Schmoller hat Recht; denn wer auf diesem Standpunkte steht, so denkt und lehrt, dem ist in der That bereits alles Eins. Zwischen der Geschichte und Statistik der Volkswirthschaft einerseits, und der theoretischen Nationalökonomie andererseits, besteht dann keine unüberbrückbare Kluft mehr: die Volkswirthschaftspolitik und die Finanzwissenschaft haben das Gewand der Kunstlehre vollständig abgestreift; dadurch dass man der theoretischen Nationalökonomie historische Darstellungen hinzufügt, sind die praktischen Wissenschaften von der Volkswirthschaft zu theoretischen Wissenschaften erhoben worden, und figuriren als speciellere Theile jenes allgemeineren und darum abgeblassten „Bildes", als welches die theoretische Nationalökonomie sich uns fürderhin darstellt u. s. f., u. s. f.

Wer hierin nicht eine eben so tiefe als philosophische Auffassung des Wesens der politischen Oekonomie, ihrer Theile und des Verhältnisses dieser letzteren zu einander und zu ihren Hilfswissenschaften erkennt, ist ein Unbescheidener, überdies ein philosophisch nicht genügend Gebildeter, der für seine scientifische Ausbildung nichts Besseres zu thun vermag, als sich zu den Füssen des Herausgebers des Berliner Jahrbuches zu setzen, um zu sehen und zu hören, wie dieser tiefsinnige Methodiker — „denkt und lehrt".

obigen Punkt unter den Nationalökonomen kaum mehr eine Meinungsverschiedenheit bestehen könne, so dürfte die obige Stelle der Schmoller'schen Ausführungen ein Beweis für das Gegentheil sein.

## Vierzehnter Brief.

Sie sagen, dass ich über meines Gegners mangelhafte Orientirung in den von ihm behandelten Fragen der Methodik und die Verwirrung seiner Begriffe geradezu Genugthuung zu empfinden scheine, während dieselben, in Verbindung mit dem äusseren Einflusse dieses Mannes auf dem Gebiete unserer Wissenschaft, doch zu den ernstesten Betrachtungen über den gegenwärtigen Zustand der deutschen Nationalökonomie herausfordern.

Ich weiss, mein Freund, dass es eine grosse Sünde ist, über das Lächerliche zu lachen; indess es ist so schwer gegenüber einem kahlen und hochmüthigen Gegner nicht in den Ton des Hohns zu verfallen. Und welcher andere Ton gebührt den Ausführungen eines Mannes, welcher ohne die geringste solide Orientirung in den Fragen wissenschaftlicher Methodik sich wie ein vollgiltiger Richter über den Werth oder Unwerth der Ergebnisse methodologischer Untersuchungen gebärdet? Gibt es auf dem Gebiete der Wissenschaft eine zu ernster Betrachtung weniger geeignete Erscheinung, als die aufgeblähte Unwissenschaftlichkeit, welche über die Ergebnisse sorgfältiger wissenschaftlicher Forschung strenges Gericht hält?

Discutiren Sie in ernstlicher Weise über die schwierigsten Fragen der Erkenntnisstheorie mit einem

Manne, in dessen Geiste jedes Streben nach Reform der theoretischen Nationalökonomie, ja jede Pflege dieser letztern sich als Manchesterthum spiegelt. Discutiren Sie, ohne in einen heiteren Ton zu verfallen, über die obigen Fragen mit einem Gelehrten, dessen ganzes einigermassen originelles Wissen auf dem Gebiete der theoretischen Nationalökonomie in einem Urschleime historisch-statistischen Materiales besteht, mit einem Gelehrten, welcher die einfachsten Begriffe der Wissenschaftslehre unablässig mit einander verwechselt! Und ein solcher Streit sollte mir Genugthuung verschaffen? Wären Schmoller's Einwendungen gegen die Ergebnisse meiner methodologischen Untersuchungen mir nicht aus Gründen werthvoll, über welche ich mich in meinem ersten Briefe bereits ausgesprochen habe, wie gerne verzichtete ich auf die mir nichts weniger als erwünschte Discussion mit demselben und beschränkte mich darauf, die auffälligsten Entstellungen meiner Ansichten in seinem Jahrbuche, in ähnlicher Weise richtig zu stellen, wie ich dies gegenüber einem geistesverwandten Genossen desselben an anderer Stelle gethan habe.

Auch glauben Sie ja nicht, dass eine Discussion mit einem Gegner, wie Schmoller, müheloser, als mit einem in den behandelten Fragen noch so wohl orientirten Gelehrten sei. Wie leicht ist es einen solchen zu belehren, oder von ihm sich eines Besseren belehren zu lassen? Wie leicht ist es, — im Verhältnisse — in dem consequenten Gedankengefüge eines sachkundigen Forschers einzelne Unrichtigkeiten, ja einzelne Inconsequenzen und Irrthümer zu entdecken, und durch Blosslegung und Berichtigung derselben zur Förderung der Wissenschaft beizutragen? Wie erfreulich überdies, auf diese Weise einem Autor für die Berichtigung unserer eigenen Ansichten und für die Belehrung, die wir aus seinen Schriften geschöpft haben, den Dank zu erstatten, den wir ihm schulden? Das schwierigste und unerquicklichste auf dem Gebiete der Wissenschaft ist stets der kritische Contact mit einseitigen Vertretern praktischer Parteibestrebungen, mit Männern, welche ihre Einseitigkeit und die schlechten Gewohnheiten des Parteikampfes auf die wissenschaftliche Discussion übertragen; um wie viel unerfreulicher, wenn solche Gegner gar mit dem Anspruche überlegener Wissenschaftlichkeit auftreten!

Wie in einer von sachkundiger Hand angelegten Fachbibliothek, und wäre dieselbe noch so reichhaltig, das Auge des Kenners leicht einzelne Lücken zu entdecken vermag, in einer willkürlich zusammengewürfelten Bücherei dagegen vergeblich nach einem Ruhepunkte sucht und sich schliesslich abwendet, weil dergleichen eigentlich die ernste Beurtheilung nicht herausfordert: so auch, wo es sich um die Beurtheilung des Wissens eines Schriftstellers handelt. Die Stärke des methodologischen Standpunktes Schmoller's liegt darin, dass derselbe unfassbar, unter jeder ernsten Kritik ist. Und da wollen Sie es mir verargen, wenn ich mich weder durch die historisch-philosophischen Studien, von denen er uns unablässig erzählt, noch auch durch seine Vorlesung über die Methodologie der Staatswissenschaften, zu welcher er sich eben „rüstet", irre führen lasse und den Methodiker Schmoller nicht ernster nehme, als er es verdient?

Was würden Sie z. B. dazu sagen, wenn ich die Gedanken Schmoller's über die eigentlichen methodologischen Probleme unserer Wissenschaft hier eines Nähern beleuchten wollte?

Seine Gedanken über die inductive und die deductive Methode auf dem Gebiete unserer Wissenschaft?

Die Ergebnisse seiner tiefsinnigen Untersuchungen über das Wesen und die Bürgschaften dieser Erkenntnisswege überhaupt und in der politischen Oekonomie insbesondere?

An Ihrem Entsetzen merke ich, wie wenig Sie selbst den Methodiker Schmoller ernst nehmen. Doch seien Sie unbesorgt, Sie haben dies Aeusserste nicht zu befürchten. Wer über die Ziele der Forschung auf dem Gebiete der Nationalökonomie so vollständig im Dunkeln tappt, wie der Herausgeber des Berliner Jahrbuches, dessen Gedanken über die Erkenntnisswege auf dem Gebiete unserer Wissenschaft sind gesichert gegen jeden Angriff.

Nur einiger auf die von mir bereits behandelten erkenntnisstheoretischen Probleme Bezug nehmender Bemerkungen Schmoller's möchte ich hier noch gedenken, weil sie für die Art und Weise, in welcher von ihm Kritik geübt wird, und für seine Kampfesweise überaus charakteristisch sind.

Ich hatte es als die Aufgabe der historischen Wissenschaften bezeichnet, das individuelle Wesen und den individuellen Zusammenhang der Menschheitserscheinungen (ihre individuellen Beziehungen in Raum und Zeit!) zu erforschen und darzustellen.

Hier ergab sich von selbst für mich die interessante und von den Bearbeitern der Methodik der historischen Wissenschaften auch bereits vielfach aufgeworfene Frage, in welcher Weise diese letzteren gegenüber der unübersehbaren Menge von Einzelerscheinungen des Menschenlebens ihre Aufgabe zu lösen vermögen?

Die Mehrzahl der Autoren ist rücksichtlich der obigen Frage der Meinung, dass der Historiker die wichtigeren Menschheitserscheinungen mit Hintansetzung der minder wichtigen darzustellen\*) und sich hierbei von seinem Tacte leiten zu lassen habe, da es an einem eigentlichen Principe für die Wahl der „historischen" Erscheinungen, im Gegensatze zu jenen, deren Darstellung nicht Sache des Geschichtsschreibers sei, fehle.

Ich glaubte nun, für die obige interessante Frage in der Weise eine Lösung gefunden zu haben, dass der Historiker nicht lediglich einen Theil der Menschheitserscheinungen zu erforschen habe, da dies ja dem Principe der Universalität der Wissenschaften widersprechen würde. Der Historiker habe vielmehr die Gesammtheit der Menschheitserscheinungen darzustellen, jedoch all' dies unter dem Gesichtspunkte collectiver Betrachtung. Ich sagte: „Dass die historischen Wissenschaften nur unter der Voraussetzung collectiver Betrachtung der Menschheitsphänomene, und die historischen Wirthschaftswissenschaften insbesondere nur unter jener der collectiven Betrachtung der Wirthschaftsphänomene ihrer Aufgabe in universeller Weise zu entsprechen vermögen, ergibt sich mit Rücksicht auf die unübersehbare Menge von Singularerscheinungen des Menschenlebens, beziehungsweise der menschlichen Wirthschaft und die Exigenzen der Technik wissenschaftlicher Darstellung von selbst. Die historischen Wissenschaften sind schon um ihrer universell-wissenschaftlichen Auf-

---

Schon Plinius (cap. 5, 8, 9 und 10) schreibt, nicht ganz ohne Beziehung auf unsere Frage: *Habet quidem oratio et historia multa communia, sed plura diversa in his ipsis, quae communia videntur. Narrat sane ipsa, narrat haec, sed aliter. Huic pleraque humilia et sordida et ex medio petita, illi omnia recondita, splendida, excelsa conveniunt. Hanc saepius ossa, musculi, nervi, illam tori quidem et quasi jubae decent!*

gabe willen nothwendig Darstellungen der menschlichen Wirthschaft unter dem Gesichtspunkte collectiver Betrachtung".*)

Und in einer Note zu den obigen Ausführungen sage ich:

„Hier ist zugleich auch die Grundlage für die Lösung des die Geschichtsforschung vielfach beschäftigenden Problemes zu suchen, welche Erscheinungen des Menschenlebens aus der unübersehbaren Menge derselben hervorzuheben und darzustellen, Aufgabe der historischen Wissenschaften sei? Diese letzteren haben in Wahrheit die Aufgabe, die Individualerscheinungen des Menschenlebens unter dem Gesichtspunkte collectiver Betrachtung darzustellen, die einzelne Erscheinung indessen nur insoweit, als sie für das **collective Bild des Menschenlebens** an sich von Bedeutung ist. Nur so vermögen dieselben ihrer specifischen Aufgabe in universeller Weise zu genügen."

Auch das was man die **künstlerische Aufgabe der Geschichtsschreibung** nennt, findet in der obigen Auffassung vom Wesen der Geschichte und dem Verhältnisse derselben zu den Singularerscheinungen des Menschenlebens seine ausreichende Erklärung. „Die eigenthümliche Kunst des Geschichtsschreibers auch jene des Statistikers! — sage ich — besteht hauptsächlich in der Fähigkeit, uns die unübersehbare Menge von Phänomenen des Menschenlebens unter dem Gesichtspunkte collectiver Darstellung zum Bewusstsein zu bringen, uns ein collectives Bild der Entwicklung, beziehungsweise des Zustandes der Menschheitserscheinungen in ihrer Totalität zu bieten."**)

---

*) „Untersuchungen", S. 253 ff.
**) Ebend., S. 255. Vgl. hierzu auch S. 86 u. 122 ff.

Diese von mir aufgestellte Theorie scheint meinem Kritiker einigermassen gefallen zu haben; er ist so fern davon, sie zu bekämpfen, dass er dieselbe vielmehr rückhaltlos acceptirt.\*) Indess in welcher für die Kampfesweise dieses Mannes kennzeichnenden Weise? „Menger — schreibt derselbe — sieht nicht, dass alle wichtigeren volkswirthschaftlichen Erscheinungen räumlich und zeitlich so umfassend sind, dass sie nur einer collectivistischen Betrachtung, wie sie die Geschichte und die Statistik anstellen, zugänglich sind. Das ist ihm verschlossen." **Dazu fehle mir das Organ!**

Da haben Sie den **Schmoller!** den ganzen **Schmoller!**

Dass ein Kritiker einen Autor von diesem selbst klar ausgesprochene Gedanken im Tone zürnender Ueberlegenheit entgegensetzt — Lessing sagt irgendwo: „den Autor mit seinem eigenen Fette beträufelt" — ist eine Armseligkeit, welche bei einer gewissen Kategorie von Recensenten nicht ganz ungewöhnlich ist; dass aber ein Kritiker Jemand die Kenntniss seiner eigenen Theorie bestreitet, ja **ihm das Organ zum Verständniss derselben abspricht**, ist eine Erscheinung, welche selbst bei dem heutigen desolaten Zustande eines Theiles der wissenschaftlichen Kritik auf dem Gebiete der politischen Oekonomie Deutschlands ihresgleichen sucht.

\* Jahrbuch, a. a. O. S. 247.

## Fünfzehnter Brief.

Sie werfen mir ein, dass ein Vorgehen wie das in meinem vorigen Briefe geschilderte, nahezu unglaublich sei, da doch nicht angenommen werden könne, dass ein auf seinen wissenschaftlichen Ruf einigermassen bedachter Gelehrter, um gegenüber einem wissenschaftlichen Gegner den Ton der Ueberlegenheit anschlagen zu können, also um eines geringfügigen und, mit Rücksicht auf die Möglichkeit einer Berichtigung, doch nur vorübergehenden Eitelkeitskitzels willen, zu so abenteuerlichen Mitteln greifen werde. Wie wenig Sie Schmoller kennen! Als ob derselbe seit mehr als einem Decennium nicht genau in der nämlichen Weise jeden wissenschaftlichen Gegner bekämpfte! Lesen Sie, mein Freund, die von mir citirten Stellen meines Werkes und die eben so genau citirten Stellen seiner Recension, verfolgen Sie seine sonstige kritische Thätigkeit, und Sie werden zu staunen aufhören.

Und doch vermöchte man selbst über solche und ähnliche Dinge hinwegzugehen, böten die Angriffe Schmoller's nicht eine noch viel bedenklichere Seite dar.

Dass Schmoller dort, wo er meine wissenschaftlichen Ansichten zum Gegenstande seiner Besprechung macht, mich oft genug das Gegentheil von dem sagen lässt, was ich wirklich sage, dass er mir Dinge, die ich selbst behaupte, in belehrendem Tone entgegenhält, dass er das an mir tadelt, was er an Anderen lobt, und was dergleichen Kunstmittel Schmoller'scher Kritik mehr sind, lasse ich hier unerörtert. So auffällig auch die Missverständnisse und die Missdeutungen meiner Ansichten sind, welchen ich in Schmoller's Kritik begegne, und so nahe auch die Frage liegt, welche Berechtigung in der wissenschaftlichen Discussion so missverständliches und unüberlegtes Geschreibe bestenfalls habe? — ich will daraus keinen Schluss auf die Wahrheitsliebe des Herausgebers des Berliner Jahrbuches ziehen. Befangenheit in vorgefassten Meinungen, Flüchtigkeit der Lectüre, mangelhafte Orientirung in den behandelten Materien, die schlechten Gewohnheiten, welche sich regelmässig im Gefolge handwerksmässig betriebener Kritik einzustellen pflegen, ein offenbar mehr für die niederen Formen des Parteikampfes, als für die wissenschaftliche Discussion prädestinirtes und geschultes Naturell: alle diese Umstände zusammengenommen gestatten bei einem Manne, wie Schmoller, selbst die auffälligsten Missdeutungen fremder Meinungen als blosse Irrthümer zu entschuldigen.

Anders dort, wo es sich um wahrheitswidrige Behauptungen handelt, bei welchen jedes Missverständniss durch die Natur der Sache von vorn herein ausgeschlossen ist, um wahrheitswidrige Behauptungen, welche lediglich den Zweck verfolgen, die richtige Würdigung eines Autors und der Ergebnisse seiner Forschungen bei den Fachgenossen zu verhindern.

Wahrheitswidrige Behauptungen dieser Art sind Cabalen und kein Tadel zu hart, kein Hohn zu bitter, wenn es gilt, dieselben zu brandmarken.

Schmoller macht mir den Vorwurf, dass ich „über W. Roscher's und B. Hildebrand's historische Arbeiten klage",\*) er sucht bei seinen Lesern den Eindruck hervorzurufen, dass ich Knies mit einigen wenigen Worten „abgethan" habe \*\*), er bezeichnet mich als einen Anhänger des Manchesterthums\*\*\*), imputirt mir Sympathien für den Mysticismus des Savigny'schen Volksgeistes†) u. dgl. m.

Alle diese Behauptungen sind vollständig aus der Luft gegriffen, Unterstellungen, für welche in meinem Werke nicht der entfernteste Anhaltspunkt vorhanden ist.

Ich soll über Hildebrand's und Roscher's historische Arbeiten geklagt haben? Die Wahrheit ist, dass ich über Hildebrand's historische Arbeiten nirgends ein Wort gesprochen, Roscher's „hervorragende Verdienste um die Förderung des historischen Verständnisses einer Reihe wichtiger Erscheinungen der Volkswirthschaft" aber auf der Seite 225 meiner „Untersuchungen" ausdrücklich anerkannt habe.

Ich soll Knies in einigen von Schmoller angeführten Worten „abgethan" haben? Die Wahrheit ist, dass ich auf der Seite 228 meiner „Untersuchungen" Knies als den hervorragendsten Methodiker der historischen Schule deutscher Volkswirthe bezeichne. Ich widme der Kritik seiner

---

\*) Ebendas. S. 242.
\*\*) Ebendas. S. 250.
\*\*\*) Ebendas. S. S. 241 u. 250.
†) Ebendas. S. 250.

Lehren nicht die wenigen Worte, welche Schmoller anführt, sondern mehrere Druckseiten meiner Schrift, und gelange zu dem Ergebnisse, dass Knies den Ideenkreis der historischen Schule in Rücksicht auf die Methodik der politischen Oekonomie abschliesse; was nach ihm die Untersuchung über die methodischen Probleme der historischen Volkswirthschaftslehre zu Tage gefördert habe, bei diesem Autor sich zum mindesten bereits angedeutet finde.\*)

Sie sehen mein Freund, welche Bewandtniss es mit der Behauptung Schmoller's hat, dass ich Knies mit den von ihm angeführten Worten „abgethan" habe. Sie ist ebenso wahrheitswidrig wie alle übrigen Unterstellungen Schmoller's.

Sollten auch dies nur einfache Irrthümer sein?

Beachten Sie wohl, mein Freund, welche Tendenz gerade aus diesen so höchst persönlichen Unterstellungen hervorgeht!

Doch ich hätte fast zu erwähnen vergessen, dass ich Knies nicht nur als den hervorragendsten Methodiker der historischen Schule deutscher Volkswirthe und die Neuern in Rücksicht auf die Methodik dieser Schule nur als Epigonen desselben bezeichnete; ich habe unter diesen letzteren, und zwar wahrheitsgemäss an secundärer Stelle, auch Schmoller genannt; an secundärer Stelle ihn, den Herausgeber „seiner" Jahrbücher! Ich Tollkühner habe ihm nicht nur den gewohnten Lobestribut verweigert, sondern geradezu die Rücksichten verletzt, welche ich seiner privilegirten Stellung schuldig war und damit offenbar gewisse Empfindlichkeiten rege gemacht. „Wenn's ihn juckt, so kratze er sich", hatte ich in richtiger Wür-

---
\*) „Untersuchungen", S. 230.

digung dieses nationalökonomischen Rhadamanthus gedacht. Doch Schmoller möchte nicht empfindlich erscheinen und darum kratzt er den Roscher, kratzt er den Knies, kratzt er selbst den todten Hildebrand, – weil ihn die verletzte Eitelkeit juckt.

Erlassen Sie mir, mein Freund, mich gegen den Vorwurf Schmoller's zu vertheidigen, dass ich ein Anhänger der Manchesterpartei*) oder ein solcher

---

*) Ein Anhänger der sogenannten Manchester-Schule zu sein, ist freilich keine Unehre: es bedeutet nur das Festhalten an einer Reihe wissenschaftlicher Ueberzeugungen, von welchen jene, dass das freie Spiel der individuellen Interessen dem wirthschaftlichen Gemeinwohl am förderlichsten sei, wohl als die wichtigste bezeichnet werden kann. Geistig hoch über Schmoller stehende, von der edelsten Wahrheitsliebe geleitete Socialphilosophen haben sich als Anhänger des obigen Grundsatzes und der aus ihm resultirenden Maximen für die Wirthschaftspolitik bekannt. Wie gesagt, als ein Anhänger der sogenannten Manchester-Schule bezeichnet zu werden, ist nichts, was an sich den geringsten Vorwurf in sich schliessen würde.

Anders in dem Munde eines so einseitigen Parteigängers der sogenannten socialpolitischen Richtung, wie Schmoller. Das Manchesterthum in seinem Munde ist das Stigma, durch welches er jeden anders Denkenden brandmarken möchte, ein Schmähwort, das er seinen Gegnern zuschleudert — wo immer es ihm an Argumenten gebricht.

Mit Recht protestirt desshalb H. Dietzel Hildebrand's Jahrbücher, 1884, N. F. VIII. S. 110) dagegen, dass das Stigma des Manchesterthums gegen Jene geschleudert werde, welche sich mit der exacten Analyse der volkswirthschaftlichen Erscheinungen befassen.

Das Manchesterthum hat meines Dafürhaltens mit der Frage nach der Berechtigung einer exacten Theorie der Volkswirthschaft ungefähr ebensoviel zu thun, als etwa eine Pulververschwörung mit der Frage nach der Berechtigung der theoretischen Chemie.

des „Mysticismus des Savigny'schen Volksgeistes" sei. Beide Vorwürfe sind vollständig aus der Luft gegriffen. Wenn irgend etwas mit der in so vieler Rücksicht gehässigen Wirksamkeit Schmoller's auf dem Gebiete unserer Wissenschaft versöhnt, so ist es der Umstand, dass er, und zwar mit nicht zu verkennender Hingebung, an der Seite verehrungswürdiger Männer gegen die socialen Uebelstände und für das Schicksal der Schwachen und Armen kämpft, ein Kampf, in welchem, so verschieden auch die Richtung meiner Forschungen ist, meine Sympathien doch ganz auf der Seite dieser Bestrebungen stehen. Ich möchte meine geringe Kraft der Erforschung jener Gesetze widmen, nach welchen das wirthschaftliche Leben der Menschen sich gestaltet; nichts liegt indess meiner Richtung ferner, als der Dienst im Interesse des Capitalismus. Keine Beschuldigung Schmoller's ist wahrheitswidriger, kein Vorwurf frivoler, als dass ich ein Anhänger der Manchesterpartei sei, es wäre denn, dass das Streben nach Feststellung der Gesetze der Volkswirthschaft, oder der Hinweis auf die Nothwendigkeit ernster Bedachtnahme auf die bisherigen Errungenschaften der Civilisation bei allen wirthschaftspolitischen Reformen schon an sich den obigen Vorwurf begründen könnte — eine Idee, welche indess nur in einem ganz dissoluten Geiste zu entstehen vermöchte. *)

Was ferner den Vorwurf betrifft, dass ich ein Anhänger des „Mysticismus des Savigny'schen Volks-

---

*) Ich bekämpfe wohl an mehreren Stellen meiner „Untersuchungen" die sogenannte „ethische" Richtung in der politischen Oekonomie, trenne sie indess strenge von der „socialpolitischen" Richtung der nationalökonomischen Forschung (S. 226, Not. 123).

geistes" sei, so habe ich mich nicht nur nicht für, sondern ausdrücklich gegen diesen letzteren ausgesprochen. Ich schreibe (S. 208 meiner Untersuchungen) wörtlich: „Gegen diese Bestrebungen der Smith'schen Schule (gegen den einseitigen Pragmatismus) eröffnete sich unserer Wissenschaft ein unermessliches Gebiet fruchtbarer Thätigkeit im Sinne der Richtung Burke-Savigny's — nicht einer solchen, welche das organisch Gewordene als unantastbar, gleichsam als die höhere Weisheit in menschlichen Dingen, gegen die reflectirte Ordnung der socialen Verhältnisse schlechthin festzuhalten die Aufgabe gehabt hätte. Das Ziel der hier in Rede stehenden Bestrebungen musste vielmehr das volle Verständniss der bestehenden socialen Einrichtungen überhaupt, und der auf organischem Wege entstandenen Institutionen insbesondere sein: die Festhaltung des bewährten gegen die einseitig rationalistische Neuerungssucht auf dem Gebiete der Volkswirthschaft. Es galt die Zersetzung der organisch gewordenen Volkswirthschaft durch einen zum Theile oberflächlichen Pragmatismus zu verhindern, einen Pragmatismus, der gegen die Absicht seiner Vertreter unausweichlich zum Socialismus führt."

Ich glaube, dass ich hier die Bestrebungen des „Manchesterthums" und des „Mysticismus" auf dem Gebiete der Volkswirthschaft nicht vertheidige, sondern entsprechend meinem wissenschaftlichen Standpunkte in sachgemässer Weise bekämpfe, und doch schleudert mir Schmoller den Vorwurf des Mysticismus und des Manchesterthums entgegen — dies beliebte socialpolitische Hepp! Hepp! das der Herausgeber des Berliner Jahrbuches jedesmal und an jeder noch so unpassenden Stelle ertönen lässt, wenn ihm — die Argumente ausgehen.

Ich glaube mein Freund, dass wir nunmehr auch über die Unbefangenheit S c h m o l l e r's in Sachen wissenschaftlicher Kritik im Klaren sind. Seine Neigung zu Missverständnissen ist wahrlich nicht die bedauerlichste Seite seiner kritischen Wirksamkeit auf dem Gebiete unserer Wissenschaft.

# Sechzehnter Brief.

„Wir sind mit dem Buche fertig!" — mit diesen triumphirenden Worten, aus welchen die edelste Genugthuung spricht, schliesst Schmoller die Kritik meines Werkes, eine Kritik, welche in Rücksicht auf Sachkenntniss und auf Objectivität des Urtheils, zum mindesten in der wissenschaftlichen Literatur, kaum ihres Gleichen haben dürfte.

Die Zukunft, und zwar, wie ich hoffe, eine nicht allzu ferne Zukunft, wird darüber entscheiden, ob Schmoller mit meinen methodologischen Untersuchungen, oder ich mit dem Methodiker Schmoller „fertig" geworden. Fast scheint die bisherige Entwickelung des durch meine Untersuchungen neu angeregten methodologischen Streites darauf hinzudeuten, dass der Herausgeber des Berliner Jahrbuches die *toga picta* und die *tunica palmata* in etwas voreiliger Weise angelegt, ja der historischen Schule, als deren brüllender Löwe er auftrat, einen bösen Dienst erwiesen habe.

Wie dem aber auch immer sein mag. Eines scheint mir schon heute festzustehen. Mag der Methodiker Schmoller in Hinkunft noch so löwenhaft im Sprecsande einherschreiten, die Mähne schütteln, die Pranke heben, erkenntnisstheoretisch gähnen; nur Kinder und Thoren werden fürderhin seine methodologischen Gebärden noch ernst nehmen. Durch den weiten Riss in seiner gelehrten Maske wird aber mancher Wissbegierige, leider vielleicht auch mancher Neugierige blicken und die wahre Gestalt dieses Erkenntnisstheoretikers mit Heiterkeit und Genugthuung betrachten.

Mich aber wird für meine geringe Mühe das Bewusstsein entschädigen, auf dem Gebiete der deutschen Nationalökonomie, in mehr als einer Rücksicht, ein gutes Werk gethan zu haben.

## Verbesserungen.

Seite 1, Zeile 1 von unten lies: N. F. VII. Jahrg., III. Heft, pag. 239 etc.
Seite 3, Zeile 13 von oben lies statt „gelehrter": s c i e n t i f i s c h e r.
„ 3, „ 9 „ unten „ „ „wirksamer": w i r k s a m e r e r.
„ 7, „ 5 „ oben ist das Citat: J a h r b u c h, a. a. O. S. 243 und
Seite 9, Zeile 1 von unten das Citat: B r i e f e a n t i q. I n h., 56. B r i e f ausgefallen.
Seite 19, Zeile 8 von oben lies: das t h e o r e t i s c h e Verständniss.
„ 22, „ 3 „ „ „ statt „konnte": k ö n n t e.
„ 50, „ 5 „ „ ist nach „Was war": i n d e r o b i g e n R ü c k s i c h t einzuschieben.
Seite 52, Zeile 14 von oben ist „zu" zu streichen.
„ 52, „ 15 „ „ lies statt „hinzu": z u.